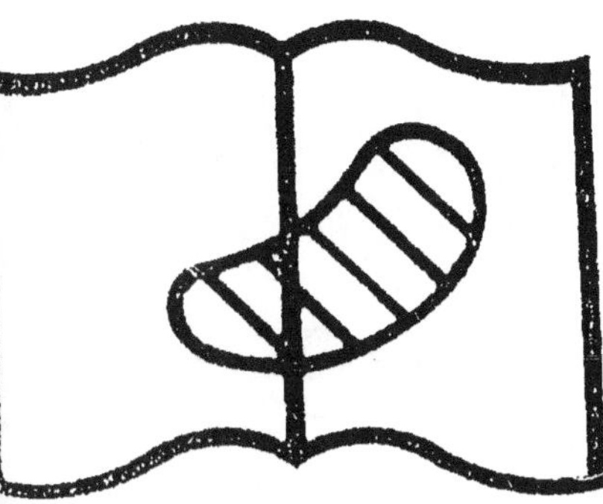

Illisibilité partielle

Valable pour tout ou partie
du document reproduit

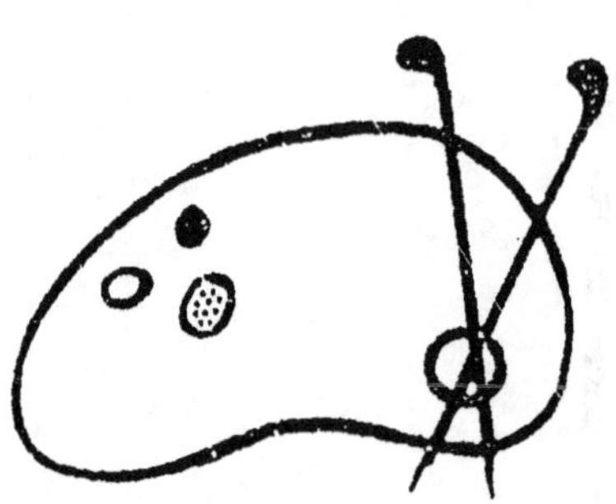

Couvertures supérieure et inférieure
en couleur

DOCUMENTS

INÉDITS

SUR GASSENDI

PAR

PHILIPPE TAMIZEY DE LARROQUE

Extrait de la Revue des questions historiques.

PARIS

LIBRAIRIE DE VICTOR PALMÉ, ÉDITEUR

Rue de Grenelle-Saint-Germain, 25

1877

(9)

A Monsieur Léopold Delisle,
membre de l'Institut,
reconnaissant hommage
Ph. Tamizey de Larroque

TYPOGRAPHIE
EDMOND MONNOYER
AU MANS (SARTHE)

DOCUMENTS

INÉDITS

SUR GASSENDI

PAR

PHILIPPE TAMIZEY DE LARROQUE

Extrait de la *Revue des questions historiques*.

PARIS

LIBRAIRIE DE VICTOR PALMÉ, ÉDITEUR

Rue de Grenelle-Saint-Germain, 25

1877

————

TIRÉ A 50 EXEMPLAIRES

————

DOCUMENTS

INÉDITS

SUR GASSENDI

Depuis le milieu du XVIIe siècle jusqu'à notre temps, on s'est beaucoup occupé de Pierre Gassend, dit Gassendi. Biographes et critiques semblent avoir tout dit sur celui qui eut la triple gloire d'être un grand philosophe, un grand astronome et un grand érudit. Pourtant, même après les travaux de François Bernier, de Samuel Sorbière, du P. Bougerel, de l'abbé de Levarde, de M. Degérando, de M. B. Aubé, etc., on lira, si je ne me trompe, avec quelque intérêt les documents qu'un hasard heureux me permet de publier le premier.

Ces documents sont conservés dans le département des manuscrits de la Bibliothèque nationale sous le n° 12270 du fonds français[1], et je m'étonne qu'ils n'aient encore été mis à profit par aucun des nombreux travailleurs qui, de nos jours, ont si activement recherché tout ce qui regarde les personnages célèbres du plus beau siècle de notre histoire. Comment, par exemple, M. Victor Cousin, qu'attirait doublement vers Gassendi l'amour de la philosophie et l'amour de l'époque où vécut l'illustre rival de Descartes, n'a-t-il pas remarqué le précieux recueil, lui qui, pendant de longues années, a fouillé avec tant de zèle les manuscrits de l'admirable établissement de la rue de Richelieu? Combien il aurait été ravi de la longue et curieuse lettre autographe que l'on y trouve, adressée aux consuls de la ville de Digne, le 29 mars 1650[2], et

---

[1] Autrefois n° 5252 du Supplément français. Le volume (in-4°) est intitulé: *Lettres et papiers de Gassendi.*

[2] M. Cousin aurait éprouvé, en face de cette lettre, une surprise d'autant plus agréable qu'il était persuadé que Gassendi « n'a guère écrit qu'en latin et presque jamais en français.» Voir *Histoire générale de la philosophie,* 4e édition, in-12, 1861, p. 362.

surtout des notes sur la vie de l'éminent critique rédigées sous la forme d'un journal, par quelqu'un qui l'avait parfaitement connu, puisque c'était un de ses meilleurs amis, son secrétaire Antoine de La Poterie [1], dont le travail, transcrit et sur certains points retouché par un neveu de Gassendi [2], acquiert ainsi toute l'autorité d'un mémorial de famille.

Un écrivain provençal dont les ouvrages ont obtenu le plus éclatant et le plus légitime succès [3], M. Charles de Ribbe, a mêlé à ses touchants et fortifiants récits divers fragments des vieux livres de raison où l'on inscrivait la naïve histoire de chaque jour. On peut rapprocher de ces pages, où se reflète si doucement la pure et tranquille flamme du patriarcal foyer d'autrefois, les notes écrites avec la plus aimable simplicité par le biographe de Gassendi. Il y a là une foule de détails intimes que l'on chercherait vainement ailleurs, détails qui parfois, j'en conviens, paraîtraient un peu trop minutieux, si dans leur ensemble ils n'éclairaient d'une vive lumière la sympathique physionomie d'un des plus savants professeurs du collége de France, et si ce n'était le cas de répéter ces paroles d'Auteserre à l'égard de Cujas : « On a curiosité de savoir les choses les plus menues de la vie des grands hommes [4]. »

J'appelle d'une façon toute particulière l'attention du bienveillant lecteur sur l'importance des renseignements que les *Mémoires* de La Poterie nous fournissent au sujet des sentiments religieux de Gassendi. On sait avec quelle ardeur a été discutée cette question : l'auteur du *Syntagma philosophiæ Epicuri* était-il, au fond, spiritualiste ou sensualiste [5] ? Je ne veux pas intervenir dans le débat, mais il me semble que

---

[1] Voir sur lui, en faisant la part des préventions et de la malice de l'écrivain, deux lettres de Guy Patin, l'une du 9 juin 1654, l'autre du 5 juillet 1658. S'il fallait en croire Guy Patin, La Poterie aurait eu des torts envers la mémoire de Gabriel Naudé, sous lequel il avait été employé dans la bibliothèque du cardinal Mazarin, et envers la mémoire de Gassendi, ayant « changé et ajouté en divers endroits quelque chose dans les écrits de son maître. »

[2] On lit en tête de ce recueil: *Mémoires de La Poterie touchant la naissance, vie et mœurs de Monsieur Gassendy, mon oncle.* Je suppose que le neveu qui a copié les notes de La Poterie était ce Pierre Gassendi, filleul du philosophe en même temps que son neveu par alliance, qui fut avocat du Roi à Digne. Plusieurs des lettres qu'il écrivit à son parrain ont été réunies dans le volume 12270, à la suite de la copie des *Mémoires.*

[3] *Les Familles et la Société en France, avant la révolution* (1873) ; *la Vie domestique, ses modèles et ses règles, d'après des documents originaux* (1876).

[4] *Lettres inédites d'A. Dadine d'Auteserre publiées avec notice, notes et appendice,* 1876, p. 37.

[5] Voir notamment divers opuscules publiés par M. le professeur Jeannel et par M. l'abbé Flottes. J'ai sous les yeux une plaquette de 19 pages in-8, intitulée: *Quelques mots aux lecteurs impartiaux au sujet de la brochure de M. Jeannel intitulée Gassendi spiritualiste, par l'abbé Flottes,* ancien vicaire.

les assertions si précises de celui qui fut le témoin de la vie de Gassendi
ne permettent pas de douter de la profonde piété du prétendu disciple
d'Épicure. Quand bien même la publication des pages que l'on va lire
n'aurait d'autre résultat que de rendre incontestable la vivacité des sentiments religieux dont Gassendi fut animé jusqu'à son dernier jour, et,
par conséquent, de le replacer définitivement parmi les plus fidèles
croyants, malgré toutes les apparences contraires qui ont séduit divers
historiens de la philosophie, un tel résultat me paraîtrait assez consi-
dérable pour que je redise, à cette occasion, avec mon héros lui-même :
« Je suis dans la joie de mon cœur quand je découvre la vérité [1]. »

I

MÉMOIRES TOUCHANT LA NAISSANCE, VIE ET MŒURS DE GASSENDI.

1592. — Nostre Pierre [2] nasquit l'an 1592, le jour de Sainct-Vincent, entre
six et sept heures du matin [3] 22 janvier, dans le village de Champtercier qui

général, professeur honoraire à la Faculté des lettres (Montpellier, 1859). Les
brochures des deux adversaires ne sont pas mentionnées à l'article *Gassendi*
dans le *Catalogue de l'histoire de France*, tome IX, p. 588. On y indique, en
revanche, outre les travaux déjà cités du Père Bougerel et de M. Aubé,
deux éloges de Gassendi par le Révérend Père Menc (Marseille, 1767) et par
M. L.. de L.. (Nîmes, 1768), un *Abrégé de la vie et du système de Gassendi* par
M. de Camburat (1770, et une *Histoire de la vie et des écrits de Gassendi* par
l'abbé A. Martin (Paris, 1853, in-12).

[1] Passage traduit de la *Préface* des *Exercitationes paradoxiæ adversus Aristotelæos*, etc. (Grenoble, 1624, in-8°). Je me reprocherais de ne pas remercier
publiquement de leur parfaite obligeance deux travailleurs qui m'ont rendu
chacun un grand service : je dois à M. Adolphe Bouyer, archiviste paléogra-
phe, la consciencieuse révision du texte des *Mémoires* de La Poterie ; d'autre
part, M. Gustave Mouravit, aimant mieux, quoique bibliophile des plus fer-
vents, ses confrères que ses livres, m'a gracieusement donné son exemplaire
de la *Vie de Pierre Gassendi*, par le Père Bougerel (Paris, in-12, 1737), volume
qu'il est difficile de rencontrer et qui m'était indispensable, ce qui, en dou-
blant le prix du bienfait, double aussi ma reconnaissance.

[2] Cette expression seule prouverait que le présent journal est devenu, à
la suite de retouches, l'œuvre en quelque sorte d'un membre de la famille
de Gassendi.

[3] Voilà un détail que seul pouvait donner un neveu habitué à entendre
raconter les plus petits incidents de la vie de celui qui était l'honneur de sa
famille. Ce détail n'est indiqué par aucun autre biographe.

est sur une petite coline regardant le midy, où l'air est très-sain [1]. Il fust baptizé sur les fons de l'église de Champt (ercier); ses parrin et marrine furent [2].... Ce parrin luy vouloit donner un autre nom, mais le curé l'atrapa nommant devant luy [3]: Pierre je le baptize, etc., disant au parrin: Ne voulez-vous pas... etc. — On l'eslève au village.

1593. — Aagé de deux ans moins vingt-deux jours ainsy qu'à la suite il faudra toujours remarquer.

Il est au village.

Il se ressouvient qu'au mois de juillet de cete année, lequel mois fesoit seulement son dix-huictiesme, qu'on portoit en terre une certaine femme, de quoy par curiosité par après il s'est confirmé, ayant veu dans le registre de l'église que dans un tel mois une telle femme avoit esté enterrée.

1594. — Aagé de trois ans.

Il est au village, où estant foible et fort maladif à cause d'abondance d'humeurs on luy fit un cautère au bras gauche, mais peu de temps après on le laissa se reboucher [4], voyant que cela ne luy fesoit rien. Nota que dans ce bras, au moindre froid, il sent la douleur et il a fallu tousjours tenir ce bras là plus couvert que l'autre.

1595. — Aagé de quatre ans il sçait desja lire et commence à escrire.

Il est au village.

Voyant la lune transparante parmy les nuées, la regarde fort attentivement, et appelle ses compagnons pour la contempler, disant qu'il luy sembloit qu'elle marchoit viste, etc. [5].

1596. — Aagé de cinq ans.

---

[1] Champtercier (dont le nom s'écrivait aussi : *Chantersier*) est une petite commune (de moins de 400 âmes) du département des Basses-Alpes, dans l'arrondissement et canton de Digne, à 8 kilomètres de cette ville. La colline sur le penchant de laquelle s'éparpillent les maisons du village s'appelle la Tour d'Oise.

[2] Ici un vide qui est en partie comblé par cette addition marginale : *son oncle Thomas Fabry*. Nous savons par Samuel Sorbière que la mère de Gassendi s'appelait Françoise Fabry.

[3] C'est-à-dire *avant* luy. Il est probable que l'oncle Fabry voulait donner au nouveau-né le prénom de Thomas.

[4] Il est, je pense, inutile de faire observer que ces renseignements sont trop intimes pour avoir été fournis par d'autres biographes.

[5] On ne voit pas là que, comme on l'a tant dit et redit (Bougerel, Dom Chaudon, Degérando, etc.), Gassendi « dès l'âge de quatre ans, ait déclamé de petits sermons. » Les mêmes biographes ont à se reprocher une autre exagération au sujet de la précoce vocation astronomique de Gassendi, surtout M. Degérando qui, dans la *Biographie universelle*, s'exprime ainsi : « A quatre ans, il débitait de mémoire de petits sermons et se dérobait pendant la nuit à la surveillance de ses parents pour observer les astres. » C'est transformer en une habitude ce qui, d'après notre manuscrit, fut, chez l'observateur de quatre ans, purement accidentel. » Bougerel, du moins, suivi par M. Aubé, donne sept ans à Gassendi préludant, à Champtercier, aux grandes découvertes astronomiques qui devaient immortaliser son nom. Pour ce qui regarde la *lune*, on peut compléter le récit qu'interrompt si malencontreusement l'*etc.*, par le récit quelque peu arrangé et enjolivé de Bernier dans la Préface de l'*Abrégé de la philosophie de Gassendi* (1674).

Il est au village et s'amuse tousjours à lire dans toute sorte de livres qu'il rencontre, les apprend par cœur, puis les récite à ses compagnons[1].

1597. — Aagé de six ans.

Il est au village.

1598. — Aagé de sept ans.

Il est au village.

1599. — Aagé de huict ans.

Sur la fin de l'année il va à Digne pour estudier au latin[2].

1600. — Aagé de neuf ans.

Il estudie à Digne et apprend l'arithmétique.

1601. — Aagé de dix ans.

Il va estudier dans la ville de Riez[3].

1602. — Aagé de unze ans.

Il revient estudier à Digne.

Antoine de Boulogne, Évesque de Digne[4], fesant sa visite à Champtercier, nostre Pierre luy fit une petite harangue latine dans l'église dudit lieu, au grand estonnement d'un chacun[5].

1603. — Aagé de douze ans.

Il prend la tonsure et la confirmation d'Antoine de Boloigne, Évesque de Digne.

Il continue d'estudier à Digne.

1604. — Aagé de treize ans.

Il continue d'estudier à Digne.

1605. — Aagé de quatorze ans.

Il continue d'estudier à Digne.

1606. — Aagé de quinze ans.

Il continue d'estudier à Digne. Dans cete année là, comme dans les deux ou

[1] Ces récitations de *toute sorte de livres* ont été prises pour les *déclamations de sermons* dont il a été question dans la note précédente.

[2] Tous les biographes, même l'exact Bougerel, ont ignoré que Gassendi alla commencer ses études à Digne, à la fin de l'année 1599. On a cru, sur la foi des mémoires manuscrits de François Decormis, doyen des avocats de Provence (voir Bougerel, p. 3), que ce fut le curé de Champtercier qui lui apprit la langue latine. On ajoute que l'ardeur du petit écolier était si grande, que, le jour ne lui suffisant pas, il étudiait encore une partie de la nuit à la lueur de la lampe de l'église. C'est de la légende, mais non de l'histoire, et M. B. Aubé (*Nouvelle Biographie générale*, t. XIX, col. 566) a eu bien raison de dire : « Il est bon de se défier de ces détails puérils qui n'ajoutent rien à l'éclat des renommées, et qu'une admiration superstitieuse introduit si souvent après coup dans la vie des grands hommes. »

[3] Aujourd'hui chef-lieu de canton de l'arrondissement de Digne, à quarante kilomètres de cette ville. Riez était alors un siége épiscopal qui a été supprimé en 1790. Ni Bougerel, ni les autres biographes n'ont su que Gassendi, à dix ans, avait étudié dans la ville de Riez.

[4] Antoine de Boulogne siégea de 1602 à 1615.

[5] Nicolas Taxil, prévôt de l'église de Digne, dont on trouvera ci-après une lettre inédite (n° IV), raconte dans l'*Oraison funèbre* de Gassendi (Lyon, 1656, in-8°), que le prélat, surpris et charmé de la grâce avec laquelle il avait été harangué, s'écria que cet enfant serait un jour la merveille de son siècle.

trois précédentes, il fait représenter par ses compagnons (fesant aussi son personnage) quelques fois des petites comédies et tragédies [1].

1607. — Aagé de seize ans.

Il s'en retourne à Champtercier, son village, et là estudie à soy.

Descendant un escallier de bois, il glisse et se desmet le pied droit près la cheville [2], où au moindre froid, il y sent douleur, et il a fallu tenir cete partie là plus chaudement que l'autre.

1608. — Aagé de dix-sept ans.

Il continue d'estudier en son particulier au village.

1609. — Aagé de dix-huict ans.

Il va estudier en philosophie à Aix sous le Père Fezaye, Carme [3], qui mou rut comme nous estions à Aix l'an 1649.

1610. — Aagé de dix-neuf ans.

Il continue d'estudier en philosophie.

1611. — Aagé de vingt ans.

Il estudie en théologie sous le mesme Père Carme.

Il alla aussi escouter M. Raphaelis, professeur en théologie à Aix [4].

1612. — Aagé de vingt et un ans.

Il s'en va à Digne et est principal du collége [5].

Voilà l'oraison qu'il fit aux Messieurs de la ville à son commencement, etc. [6].

1613. — Aagé de vingt-deux ans.

Il continue d'enseigner à Digne.

1614. — Aagé de vingt et trois ans.

Il continue d'enseigner à Digne.

Il prend les quatre (ordres) mineurs et le sous-diaconat de Jacques Martin, évêque de Senez [7].

---

[1] Bernier (*Préface de l'Abrégé de la philosophie de Gassendi*) nous avait déja appris qu'il composa (1604) des espèces de comédies mêlées de prose et de vers que les jeunes écoliers récitaient au carnaval dans la maison des principaux de la ville. La date 1604, adoptée par Bougerel, doit, comme on le voit, être changée en celle de 1606.

[2] Cet accident a été passé sous silence par les biographes qui ont été le mieux instruits des circonstances de la vie de Gassendi. On a prétendu (Taxil, Bougerel, etc.) qu'à seize ans Gassendi obtint au concours la chaire de rhétorique de Digne, mais cela parait plus que douteux.

[3] Bougerel a déjà rectifié l'erreur de Sorbière qui avait fait du P. Philibert Fezaye un cordelier. Bougerel a emprunté quelques renseignements sur ce religieux (natif d'Avignon) à l'*Histoire d'Aix* de Pitton. Savait-on que ce savant théologien mourut à Aix en 1649? En tout cas, Sorbière le croyait déjà mort vingt-cinq ans auparavant.

[4] Bougerel l'appelle (p. 7) M. Raphelis et lui donne Gassendi pour élève dès 1609. La chronologie des présents mémoires me parait plus sûre.

[5] Je ne trouve cette particularité nulle part; il parait pourtant difficile de ne pas l'admettre.

[6] Il faut regretter que l'*oraison* ne nous ait pas été donnée dans le manuscrit 12270, car elle n'a pas été certainement conservée ailleurs.

[7] Senez (aujourd'hui chef-lieu de canton du département des Basses-Alpes, arrondissement de Castellane, à 30 kilomètres de Digne) fut jusqu'à la révolution le siége d'un évêché suffragant d'Embrun. Jacques Martin occupa ce siége de 1601 à 1623.

Il va à Avignon et se fait recevoir docteur en théologie [1].

Stephanus Dulcis, nonce du Pape et Archevesque de cete ville [2], assista à ses disputes, etc. Ses examinateurs furent Sébastien Sissoine, docteur, et celuy qui estoit pour lors recteur de ladite université.

Le premier jour de septembre, il fut esleu théologal de l'église de Digne, à cause de la mort du sieur Araby [3].

1615. — Aagé de vingt et quatre ans.

Au mois d'avril il va à Paris [4] pour respondre au procez que le sieur Pelissier, chanoine de Digne, luy avoit intenté au Grand Conseil, se disant pourveu d'un brevet de joyeux advénement à la couronne par le Roy, et que ce bénéfice de Théologal luy appartenoit, etc. [5].

A Paris il prend l'ordre de Diaconat des mains de...... evesque de...... [6].

Au mois de novembre il retourne en Provence ayant gaigné son procez avec despens.

A Digne il exerce sa charge de Théologal, presche souvent au peuple [7], et fait des prédications latines, ou plustôt leçons théologiques aux chanoines, ses confrères, etc.

1616. — Aagé de vingt et cinq ans.

Il prend l'ordre de Prestrise de Torrecella, Évesque de Marseille [8] et dit sa première messe le jour de Saint-Pierre ès liens, premier jour du mois d'Aoust, dans l'église des Pères de l'Oratoire d'Aix [9].

---

[1] On a soutenu que Gassendi était docteur de la Faculté de Paris, mais Bougerel (p, 8) rappelle que Gassendi lui-même a eu soin de nous apprendre qu'il prit le bonnet de docteur dans l'Université d'Avignon.

[2] François Étienne Dulci fut archevêque d'Avignon de 1609 à 1624. Voir sur son administration le *Gallia christiana* (t. I, col. 836).

[3] D'après les mémoires manuscrits (déjà cités) de F. Decormis, Gassendi aurait été d'abord pourvu de la Théologale de Forcalquier, et, comme sa prébende était trop modique, le parlement lui aurait assigné 400 livres pour son entretien. Aucun auteur n'avait jusqu'à présent donné la date du jour où Gassendi fut nommé théologal de l'église de Digne.

[4] Ainsi est réfutée cette assertion de M. Aubé (*Nouvelle biographie générale*, t. XIX, col. 567) : « Gassendi fit cette même année (1624) son premier voyage à Paris. » Du reste, pas un seul des biographes de Gassendi ne paraît avoir connu le séjour du théologal à Paris d'avril à novembre 1615.

[5] On a ajouté ici, au moyen d'un renvoi, cette piquante note : « Il me souvient que ce Pelissier voulant prescher à Digne demeura tout court à l'*Ave Maria*, ne peut jamais achever, sortit de la chaire à la risée d'un chacun, et que l'advocat de nostre Pierre [c'est encore ici le neveu qui se substitue à La Poterie] représenta au Conseil comme quoy celuy qui prétendoit estoit ignorant, estant demeuré *à quia*. »

[6] Le nom du prélat et celui de son évêché ont été laissés en blanc.

[7] Bougerel fait commencer (p. 7) la prédication de Gassendi beaucoup plus tôt (vers 1611-1612), disant : « Il prêcha dans ce temps avec beaucoup d'applaudissement. »

[8] Le *Gallia christiana* (t. I, col. 669) appelle Jacques Turricella cet évêque, Italien d'origine, qui siégea de 1604 à 1618.

[9] Devant une date si précise tombe cette assertion de Bougerel, qui, ne l'oublions pas, reproduit, en les augmentant, tous les renseignements antérieurement recueillis : « I fut ordonné prêtre en 1617. » Que d'additions

Il se préparoit à enseigner à Aix un traité de Théologie *De Jure et Justitia* publiquement qu'il avoit presque composé, lorsqu'on luy proposa la philosophie.

1617. — Aagé de vingt et six ans.

Les Messieurs de la ville d'Aix ne voyant pas revenir leur professeur espagnol, qui estoit allé faire un tour en Espagne pendant les vacances de la Saint-Remy [1], prièrent nostre Pierre de prendre sa plac).

Il enseigne la philosophie publiquement dans le collége d'Aix, tout d'une autre façon que celle qu'il avoit prise avec succez, grand nombre d'escholiers, au grand estonnement d'un chacun, ayant composé une philosophie à sa mode [2].

1618. — Aagé de vingt et sept ans.

Il continue d'enseigner à Aix et fait connoissance avec Mr Gautier, prieur de la Valette [3], som amy [4].

Cometam observant ambo [5].

1619. — Aagé de vingt et huict ans.

Il continue d'enseigner à Aix.

1620. — Aagé de vingt et neuf ans.

Il continue d'enseigner à Aix.

Eclipsis lunæ ambo [6].

1621. — Aagé de trente ans.

Il continue d'enseigner à Aix.

Il commence d'escrire des lettres latines aux sçavans, etc.

Epistola ad Pybracium [7].

---

et que de rectifications nous devons déjà au document de la Bibliothèque nationale !

[1] On sait que la fête de saint Remi est célébrée le 1er octobre.

[2] Renseignement important qui n'avait pas encore été donné.

[3] Joseph Gautier, prieur de la Valette, grand vicaire de l'archevêque d'Aix, était un savant mathématicien, un savant astronome. Ce fut Gautier, comme le dit Bougerel (p. 10), d'après Gassendi lui-même (*Præf. Comment. de rebus cœlestibus*), qui « l'excita à s'appliquer aux observations astronomiques, en lui persuadant qu'il ne pouvait rendre un plus grand service à la postérité. »

[4] C'est-à-dire son futur ami. Gassendi devint si bien l'ami du prieur de la Valette, que ce dernier voulut l'avoir dans sa maison, laquelle reçut deux autres hôtes dont le nom est resté cher à la science : Jean-Baptiste Morin, qui, en 1630, fut nommé professeur de mathématiques au collège de France, et Ismaël Boulliau, qui fut à la fois astronome, bibliographe, critique, etc.

[5] Ce qui montre une fois de plus combien l'auteur des *Mémoires* est exactement informé, c'est que Gassendi, dans son *Commentaire des choses célestes* jusqu'en 1656, que Bougerel a surnommé (p. 10) une fidèle histoire des cieux, annonce qu'il commença ses observations avec le prieur de la Valette en novembre 1618 et qu'ils étudièrent tout d'abord une comète. M. F. Arago (*Astronomie populaire*, t. II, p. 302) mentionne deux comètes dont le passage au périhélie fut le 17 août et le 8 novembre 1618.

[6] Gassendi, dans le *Commentaire* que je viens de citer, n'a pas manqué de signaler son observation de cette éclipse de lune, ainsi que les autres observations qu'indique plus loin le rédacteur des *Mémoires*.

[7] Un des fils du poëte et orateur Gui du Faur, seigneur de Pibrac : ce

Eclipsis solis ambo; frater germanus Joannes Gassendus aderat observa-balque, etc [1].

1622. — Aagé de trente et un ans.

Il continue d'estudier (*sic* pour enseigner) à Aix.

Vide Præfat. ad Aristoteleos.

Les pères Jésuites s'introduisant dans cete ville, et s'emparant tout aussitôt du collége, il fut contraint d'achever son cours commencé dans le quartier de Saint-Jean, M. Antoine d'Arbaud, sieur de Bargemon, son amy, pour lors chanoine de l'église métropolitaine de Saint-Sauveur d'Aix, à présent Évesque de Sisteron [2], luy donne une grande sale chez luy pour cet effect.

Il s'en va en son bénéfice à Digne, et presche souvent avec grande suite.

1623. — Aagé de trente et deux ans.

Eclipsis lunæ.

Il va à Grenoble pour les affaires de son chapitre et loge avec M. le président Chaffaut, son amy [3], où à ses heures perdues il revoit *Adversus Aristo-teleos* et le fait imprimer par les prières de ses amis qui, en ayant des copies, le menaçoient de le faire imprimer ailleurs [4]. *Vide Præfat. ad Aristoteleos*, etc., *Valesio*, etc. [5]

---

lils s'appelait Henri de Faur, seigneur de Tarabel (seigneurie apportée dans la famille par Jeanne de Custos, dame de Tarabel, femme de Gui de Faur); il fut successivement (voir le *Moréri* de 1759, t. V, p. 53) conseiller au parlement de Toulouse, maître des requêtes, conseiller d'État; il fut sur le point d'être nommé premier président du parlement de Provence, et mourut premier président du parlement de Pau. Il avait écrit à Gassendi (de Paris, en mars 1621), en lui envoyant le livre : *de la Sagesse*, par Charron, une lettre où il lui promettait d'être toujours un panégyriste continuel de ses vertus et un de ses amis les plus dévoués. La réponse de Gassendi est du 8 avril (voir l'analyse de cette réponse dans le livre de Bougerel, p. 13) : Gassendi y loue beaucoup le livre de Charron, et y parle avec autant d'admiration que de reconnaissance du prieur de la Valette.

[1] Ce Jean Gassendi, frère de Pierre, n'est pas une seule fois nommé dans les cinq cents pages du volume du P. Bougerel. A plus forte raison a-t-il été oublié par les autres biographes.

[2] Antoine d'Arbaut de Matheron, seigneur de Bargemon, qui, selon le P. Columbi, cité par le *Gallia christiana* (tome I, col. 505), fut un homme des plus distingués par sa naissance, par son esprit et par son savoir, *gente, ingenio, scientiaque clarissimus*. Comme cet ami de Gassendi gouverna l'église de Sisteron depuis l'année 1648 jusqu'au 26 mai de l'année 1666, on voit par la phrase: *à présent évêque de Sisteron*, que nos mémoires ont été écrits avant 1666, mais nous trouverons tout à l'heure un autre passage qui prouve que leur rédaction doit être placée avant 1658.

[3] Inconnu à Bougerel et à tous les autres biographes de Gassendi.

[4] Nous savons par la propre déclaration de Gassendi (en la préface de l'ouvrage) que David Tavan, sieur de Lautaret, docteur en médecine, le menaçait sans cesse de faire imprimer ses cahiers, quelque imparfaits qu'ils fussent.

[5] M. de Valois, alors trésorier de France à Grenoble, était un des correspondants et amis de Gassendi. Ce fut avec lui que, l'année suivante, en mars, comme l'astronome provençal le constate en ses *De rebus cælestibus commentarii*, il fit des observations à Vizille (aujourd'hui chef-lieu de canton du département

1624. Aagé de trente et trois ans.

Il est à Grenoble, où fut publié son livre intitulé : (*Exercitationes*) *Parado xiæ adversus Aristotelæos*, 8° [1].

Il va à Paris au mois de septembre où il fait connaissance de M. du (*sic*) Peiresk, son amy [2].

1625. — Aagé de trente et quatre ans.

Il observe l'éclipse à Paris [3].

Au mois d'avril il retourne en Provence [4].

1626. — Aagé de trente et cinq ans.

1627. — Aagé de treute et six ans.

Il observoit à Digne.

1628. — Aagé de trente et sept ans.

Au mois d'avril, d'Aix il s'en va à Paris [5]. Il fait connoissance avec Monsieur Luillier [6] par le moyen d'une letre dont M. du Périer le chargea pour

de l'Isère, à 12 kilomètres de Grenoble). Ce qui les amenait en ce lieu, qu'ont tour à tour rendu célèbre le séjour des Dauphins, du connétable de Lesdiguières et d'un de nos plus remarquables hommes d'Etat, M. Casimir Périer, c'était la réputation de celui qui était chargé de l'entretien des splendides jardins du château de Vizille, le sieur Elzéar Feroncé, lequel avait fait d'habiles observations astronomiques. Notons que, moins d'un an et demi avant les visites de Gassendi à Vizille, le roi Louis XIII avait été magnifiquement reçu avec toute sa cour dans le château de Lesdiguières (1er décembre 1622).

[1] Voir sur cette édition et sur les autres éditions de ce livre le *Catalogue des ouvrages de Pierre Gassendi*, qu'a si bien dressé le Père Bougerel (p. 261 et suiv.).

[2] Je crains qu'il n'y ait là une erreur et j'ai, pour le craindre, deux bonnes raisons : la première, c'est qu'il est bien peu vraisemblable que Gassendi n'ait pas connu en Provence même, et surtout à Aix, avant l'année 1624, Nicolas-Claude Fabri de Peiresc, tout devant attirer l'un vers l'autre les deux compatriotes, les deux grands curieux, les deux grands savants ; la seconde raison, c'est que, le 8 septembre 1624, Peiresc était encore à Aix, comme le prouve une lettre que, ce jour-là, il écrivait à Pierre Du Puy (collection Du Puy, vol. 716, f° 21). Il aurait donc fallu, pour que Gassendi rencontrât Peiresc à Paris en ce même mois de septembre, que le conseiller au parlement d'Aix eût quitté cette dernière ville quelques heures après avoir écrit au docte Du Puy, car Dieu sait tout le temps qui était alors nécessaire pour se rendre d'Aix à Paris ! Il vaut donc mieux croire avec Sorbière et Bougerel que, dès 1616, Gassendi avait déjà acquis l'estime et l'amitié de celui qui a été proclamé le Mécène de son siècle.

[3] Gassendi, dans le *De Rebus cœlestibus*, nous apprend qu'au mois de mars 1625, il fit des observations à Paris avec Claude Mydorge, trésorier de France un des plus renommés mathématiciens de l'époque.

[4] On lit dans l'ouvrage de Bougerel (p. 26) : « Gassendi ne fit pas un long séjour à Paris. Je trouve qu'il était de r'our à Grenoble dès le mois de juin. » Les deux témoignages se concilient a merveille : Gassendi, parti de Paris pour la Provence en avril, fit une longue halte en Dauphiné, et Bougerel lui-même déclare (p. 27) qu'il « s'arrêta trois mois à Grenoble. »

[5] Le rédacteur du Journal et Bougerel sont encore d'accord ici, le dernier disant (p. 32) que Gassendi « arriva au milieu de may » à Paris.

[6] Bougerel prétend (p. 24) que ce fut dans son premier voyage à Paris que Gassendi « lia une étroite amitié avec François Luillier, maître des comptes

luy donner, par laquelle il luy marquoit que celuy qui estoit porteur de la
lettre estoit un savantissime en toutes sciences. Monsieur Luillier ayant
reçeu sa lettre, alla rendre visite à nostre Pierre, et comme il se plaisoit fort
aux romans, luy demandant quels il jugeoit estre les plus beaux, voyant
nostre Pierre se mocquer de la vérité des romans, il se mit à dire aussitôt :
Hé, ce n'est donc pas vous dont me parle Monsieur du Périer[1], car vous ne
sçavez point tous les romans, et il me dit que le porteur de ma lettre est un
homme très-savant en tout ? etc.[2].

Epistola ad Puteanum[3].

1629. — Aagé de trente et huict ans.

Fut publié son livre *De Parrheliis*, 8°[4].

Monsieur Luillier a contracté telle amitié avec luy, qu'il le meine en Flandre[5]
Hollande et Angleterre[6], où ils voyent tous les scavans et contracte

et conseiller au parlement de Metz. » Il ajoute : « Ce bel esprit était amateur des gens de mérite et homme de mérite lui-même. Il était intime ami de
Balzac et de Saumaise, et ce dernier lui a dédié ses remarques sur les *Amours
de Clitophon et de Leucippe.* Il était riche et point marié. Pour jouir plus
souvent de sa conversation, il voulut absolument le loger chez lui. » Il me
semble que les détails dans lesquels entre La Poterie sont si catégoriques, que
préférence doit être accordée à sa version.

[1] C'est l'ami de Malherbe, c'est celui dont le nom figure en tête de la plus
touchante des pièces du poëte : *Consolation à Monsieur Du Périer, gentilhomme d'Aix en Provence, sur la mort de sa fille.* Bougerel et les autres biographes n'ont pas su que François du Périer donna à Gassendi une lettre
d'introduction auprès de Luillier.

[2] Cette plaisante anecdote, ignorée de tous les biographes, n'étonnera aucun
des lecteurs de l'*historiette* consacrée par Tallemant des Réaux (édition de
M. Paulin Paris, tome IV, 1855, p. 191-193) à un des personnages les plus originaux du xviie siècle.

[3] La lettre n'est pas adressée, comme on pourrait le croire, à Pierre Du Puy,
le savant garde de la Bibliothèque du Roi, l'ami des amis de Gassendi, Luillier et Peiresc, mais bien à Henry Du Puy (*Ericius Puteanus*), le successeur
de Juste Lipse dans la chaire de Louvain. Le tome IV des œuvres complètes de
Gassendi publiées à Lyon, chez Laurent Anisson, in-f°, 1658, lequel tome est
exclusivement consacré à la correspondance, renferme plusieurs lettres adressées à Henri Du Puy, notamment p. 11 (*Celebri viro Erycio Puteano*) et p. 16
(*Viro incomparabili Erycio Puteano*). Voir dans le livre de Bougerel (p. 31-32)
l'analyse de la première de ces deux lettres (13 mars 1627): il y est question
des mutuels travaux sur Épicure des deux érudits, et on voit que Peiresc
avait été entre eux le premier trait d'union.

[4] *Phænomenon rarum Romæ observatum 20 Martii et ejus causarum expli-
catio*, etc. (Amsterdam, in-4°). De nombreuses fautes s'étant glissées dans
cet opuscule, imprimé à la hâte, Gassendi, l'année suivante, le retoucha, et
en donna une nouvelle édition sous ce titre: *Parhelia seu soles IV spurii qui
circa verum apparuerunt Romæ die 20 Martii 1629, et de eiusdem epistola ad
Henricum Renerium* (Paris, Vitré, 1630, in-4°).

[5] Bougerel (p. 38-64) donne beaucoup de détails sur le voyage des deux
amis, détails tirés pour la plupart de la correspondance de Gassendi. Luillier
et Gassendi, qui étaient à Sedan le 19 janvier 1629, arrivèrent à Paris le
8 août de la même année, après environ neuf mois d'absence.

[6] *Angleterre* doit être un *lapsus.* Gassendi visita seulement avec Luillier la

amitié avec Grotius [1], Erycius Puteanus [2], Caramuel [3], Heinsius [4], Helmontius [5] et Myræus, Antverpiensis ecclesiæ decanus [6].

1630. — Aagé de trente et neuf ans.

Il est à Paris.

Parut son livre *Exercitatio in Fluddum*, 8° [7].

Hollande et les Pays-Bas, et Bougerel a eu raison de déclarer que ce fut « l'unique voyage qu'il ait fait hors du royaume. »

[1] Hugues Grotius (Hugo de Groot) était alors en France, où il s'était réfugié en avril 1621 et où il avait écrit et publié, sur les instances de Peiresc, dont on retrouve partout l'heureuse initiative, l'admirable traité *De Jure belli et pacis* (Paris, 1625, in-4°) : le grand historien hollandais ne quitta la France qu'en 1631. L'auteur des *Mémoires* aura confondu le nom de Grotius avec le nom de quelque autre érudit compatriote de cet ami de Peiresc. Gassendi avait dû faire la connaissance de Grotius à Paris: on peut voir une lettre de notre philosophe à Grotius dans le tome IV déjà cité des Œuvres complètes, p. 47.

[2] Nous avons déjà vu que Gassendi et H. Du Puy avaient, avant cette époque, échangé plusieurs lettres. Bougerel dit (p. 40) qu'à Louvain, Gassendi « vit le fameux Erycius Puteanus »

[3] Jean Caramuel de Lobkowitz, mort évêque de Vigevano en 1682, était alors âgé de vingt-trois ans seulement. Ce savant, qui prit le bonnet de docteur à Louvain, où sans doute le rencontra Gassendi, n'avait encore publié aucun des deux cent soixante-deux ouvrages sur lesquels Paquot (*Mémoires pour servir à l'Histoire littéraire des Pays-Bas*) a donné une notice détaillée. On cite dans le *Moréri* (t. III, p. 183) une lettre qu'il écrivit à Gassendi sur l'infaillibilité du pape. Ni Bougerel, ni les autres biographes de Gassendi n'ont signalé ses liaisons avec Caramuel.

[4] Daniel Heinsius, un des plus illustres philologues de la Hollande, naquit en 1580 et mourut en 1655. C'était un des correspondants de Gassendi. Voir notamment une lettre de ce dernier au docte bibliothécaire de Leyde dans le t. VI de l'édition de Lyon, p. 25. Bougerel a omis dans son livre le nom d'Heinsius.

[5] C'est l'empirique J.-B. Van Helmont, né à Bruxelles, en 1577, mort en 1644, qui occupa quelque temps une chaire de chirurgie à l'Université de Louvain. Signalons (p. 19 du t. VI de l'édition de 1658) une lettre dont la suscription est curieuse : *Viro clarissimo, et philosopho, ac medico expertissimo Joanni Baptistæ Helmontio amico suo singulari*, P. G. S. Bougerel analyse (pp. 45-57) la discussion qui s'éleva, en 1629, entre Gassendi et Van Helmont sur ce sujet : Est-il plus naturel à l'homme de se nourrir de viande que de fruit? En bon Flamand, Van Helmont tenait pour la viande, tandis que Gassendi, sobre enfant du Midi, se déclarait pour les fruits.

[6] Bougerel dit (p. 63) : « Je ne sçai ce qui l'empêcha de voir Aubert Le Myre, qui se trouvoit alors dans cette ville (Bruxelles), sa patrie : il étoit doyen de la cathédrale d'Anvers, et grand vicaire de l'évêque auparavant; il avoit été aumônier et bibliothécaire de l'archiduc Albert; il lui écrivit sur la route de France, il lui fait des excuses de ne l'avoir pas vu à Bruxelles. » La lettre de Gassendi à Aubert Le Myre (Auberto Myræo, p. 24 du volume in-f°) ne pourrait-elle pas recevoir une autre interprétation, et Gassendi n'exprimerait-il pas tout simplement au docte doyen le regret qu'il éprouvait de ne pas l'avoir revu lors de son second passage à Bruxelles, au retour de Hollande?

[7] Le titre tout entier — qui est fort long — est rapporté par Bougerel,

1631. — Aagé de quarante ans.

Il est à Paris.

Parut son livre *Mercurius in sole visus et Venus invisa*, 8° [1].

1632. — Aagé de quarante et un ans.

Parut son livre *Epistolæ de Mercurio*, etc. 4° [2].

Au mois d'octobre il retourne en Provence.

Au mois de décembre il observe l'éclipse à Digne.

1633. — Aagé de quarante et deux ans.

Au mois de may il observait à Aix.

Au mois de juin estoit à Digne.

1634. — Aagé de quarante et trois ans.

Au mois d'avril il estoit à Aix.

Au mois de décembre il estoit à Digne, car la veille de Noel [3] il fust esleu prevost de l'église cathédrale de ladite ville par la démission du sieur Ausset auquel il remit la Théologale [4].

Ledit sieur Pélissier de Boulogne, cy devant nommé, luy forma encor procez à Paris en vertu de sondit brevet, qu'il perdit encore avec despens et nostre Pierre fut maintenu, etc. [5].

1635. — Aagé de quarante-quatre ans.

(*Catalogue*, p. 461) : j'y renvoie le lecteur, comme pour toutes les autres indications bibliographiques. Voir encore dans le livre de Bougerel (pp. 35-38) des détails sur la querelle du docteur anglais Robert Fludd avec le P. Mersenne, querelle dans laquelle le Minime entraîna son ami Gassendi.

[1] Cette édition in-8° de 1631 devient pour Bougerel (*Catalogue*, p. 462) une édition in-4° de 1632. Peut-être y eut-il deux éditions, celle de 1631 (l'année même de l'observation), et celle de l'année suivante, l'une in-8°, l'autre in-4°. Quoi qu'il en soit, il convient de faire remarquer que lapu blication fut faite pour répondre à un vœu et à un conseil de Kepler, *pro voto et admonitione Joannis Kepleri*. Voir (t. VI des Œuvres complètes, p. 35) une lettre que Gassendi adresse à son noble émule, *viro numquam satis laudato Joanni Keplero*. Kepler avait annoncé que Mercure et Vénus passeraient sur le disque du soleil, ce que Gassendi vérifia pour Mercure, mais non pour Vénus.

M. Arago dit à ce sujet (*Astronomie populaire*, t. II, p. 495) : « Le premier qui ait incontestablement aperçu Mercure sur le soleil est notre compatriote Gassendi. Le 7 novembre 1631, ce savant, étant à Paris, observa Mercure sur l'image solaire projetée sur une feuille de papier blanc, dans une chambre obscure. Plein d'enthousiasme d'avoir enfin réussi dans une pareille observation, il s'écria, en faisant allusion à la pierre philosophale : « *J'ai vu ce que les alchimistes cherchent avec tant d'ardeur, j'ai vu Mercure dans le soleil.* »

[2] Cette indication si formelle semble bien donner raison à ma conjecture de la note précédente. Ces *Lettres sur Mercure* peuvent-elles être autre chose qu'une édition augmentée de l'opuscule adressé à W. Schickard?

[3] C'est ce qu'atteste aussi le *Gallia christiana* (t. III, col. 1140) : « Anno autem 1634 in Natalitiorum vigilia possessionem adiit præposituræ. » Cette date manque dans le livre de Bougerel.

[4] Sur Blaise Ausset, qui, depuis 1625, était le compétiteur de Gassendi voir le *Gallia christiana* (*Ibid.*).

[5] La formule : *nostre Pierre*, qui revient si souvent, montre de plus en plus la grande part prise par le neveu de Gassendi à la révision du manuscrit de La Poterie.

Au mois d'avril il estoit à Digne.

Il alla observer la hauteur méridienne de Marseille avec M. du Peiresk, après avoir observé l'éclipse de lune par laquelle il descouvre le court chemin de l'Orient [1].

Comes Marchævillans, orator regius, Constantinopolim Petrum vult ducere [2]. Claudius Hardyæus eum *instrumenta observatoria donat* [3].

Antonius Arbaudus Bargemonius, Aquensis Ecclesiæ præpositus, Sistoriensis Episcopus, amicus suus [4].

Nobilis Franciscus Villanovanus, Flayoscis Baro, Marchionis Transii germanus, fuit amicus Petri [5], *linguæ græcæ omni quæque historiæ callentissimus* [6].

1636. — Aagé de quarante et cinq ans.

Au mois de mars il estoit à Digne.

Au mois d'aoust il estoit à Digne.

---

[1] Voir ce qu'en dit Bougerel (p. 165), d'après une lettre de Gassendi à Diodati, l'intime ami de Galilée. L'éclipse de lune dont il est ici question arriva le 27 août 1635. — Sur les observations relatives au méridien de Marseille, voir encore Bougerel (pp. 166-168).

[2] C'est là Henri de Gournay, en faveur duquel, le 31 janvier 1622, la terre de Marcheville fut érigée en comté par Henri, duc de Lorraine. Le rédacteur des *Mémoires* a commis, en ce passage, un anachronisme : le comte de Marcheville, nommé ambassadeur à Constantinople, dès 1630, ne voulut pas emmener avec lui Gassendi cinq ans plus tard, car il partit pour aller occuper son poste avant la fin du mois de juillet 1631. Gassendi avait eu l'intention de suivre le comte de Marcheville en Orient, comme le prouvent diverses lettres qu'il écrivit à ce sujet à Galilée, à Golius, à Le Myre, etc.

[3] Claude Hardy, conseiller au parlement de Paris, fut un de ceux qui, sous la direction de Montmor, eurent soin, avec Antoine de La Poterie et Jean Chapelain, de l'édition des *Œuvres complètes* de Gassendi (Lyon, 1658, 5 vol. in-f°). Aucun des biographes de Gassendi n'a signalé la générosité avec laquelle Claude Hardy lui donna ses instruments astronomiques.

[4] Nous avons déjà vu qu'Antoine d'Arbaud avait été un des premiers et des meilleurs amis de Gassendi.

[5] Ce François de Villeneuve, frère du marquis de Trans, appartenait à une des plus vieilles et des plus illustres maisons de Provence. Voir le *Dictionnaire* de Moréri, au mot *Villeneuve*.

[6] Je transcris *callentissimus*, mais quand même il y aurait *calentissimus*, je doute que le mot soit d'une pure latinité. Ne soyons pas étonnés, du reste, de trouver dans le baron de Flayosc un si fervent adorateur de la langue grecque et de l'histoire : la famille de Villeneuve a, de tout temps, — même de nos jours, où deux de ses représentants, le vicomte de Villeneuve-Bargemont et le marquis de Villeneuve-Trans, mérité par leurs beaux travaux d'être membres de l'Institut, — La famille de Villeneuve, dis-je, a de tout temps eu le culte des lettres, ajoutant ainsi d'âge en âge à l'éclat de sa noblesse : je me contenterai de rappeler que Guillaume de Villeneuve, maître d'hôtel de Charles VIII, nous a laissé sur l'expédition de Naples des mémoires qui comptent parmi les meilleurs du xve siècle, et qu'Arnauld de Villeneuve, marquis des Arcs, et son frère cadet, l'un et l'autre célébrés par Malherbe, passèrent pour deux des gentilshommes les plus savants et les plus spirituels de leur époque, le dernier ayant écrit avec succès en prose comme en vers.

Au mois d'octobre il estoit à Aix.

Au mois de décembre il escrit à M. Naudé une lettre *de Apparente magnitudine*, etc [1].

1637. — Aagé de quarante et six ans.

Il estoit à Aix.

Au mois d'aoust il estoit à Aix.

M. du Peiresk, conseiller du Roy en ce parlement, luy legua, par testament [2], tous ses instrumens de mathématiques et cent volumes de ses livres à choysir dans sa bibliothèque [3], dont il a receu seulement 1,000 livres et encore avec

[1] Cette lettre, écrite d'Aix, a été réimprimée, avec beaucoup d'autres lettres à Gabriel Naudé, dans le t. VI des *OEuvres complètes*. La première en date des lettres de Gassendi au savant bibliographe (p. 44) est de l'automne de 1631, Gassendi étant alors à Paris et Naudé à Rome. Voir encore (p. 46), une lettre de 1632, où l'on remarque un grand éloge du fameux Campanella et diverses autres lettres, toutes très-intéressantes, pp. 48, 54, 55, 57, 72, 75, etc. On trouvera dans les dernières pages du volume (*Appendix epistolas ad Petrum Gassendum continens*) plusieurs lettres de Naudé, en langue latine (pp. 399, 402, 404, 415, 424, etc.) et une longue et curieuse lettre en français (p. 336). Dans cette épitre, datée du 19 octobre 1652, Naudé raconte à celui qu'il appelle son « meilleur amy » le voyage qu'il vient de faire de France en Suède; il y parle avec enthousiasme de la reine Christine, de son savoir prodigieux, affirmant qu'elle a *tout lu, tout vu*, qu'elle *spait tout*. Il décrit la bibliothèque de cette reine, bibliothèque dont la garde lui est confiée, et qui est surtout très-riche en manuscrits.

[2] On a ajouté à la marge du manuscrit cette note erronée : JUILLET *Acquis sextiæ Peireskius moritur*. Ce ne fut pas en juillet que mourut Peiresc, mais en juin. Ce ne fut pas le 14 juin, comme l'a dit Bougerel (p. 124), ou plutôt comme le lui fait dire très-probablement une faute d'impression, mais le 24. Gassendi ne quitta pas un seul moment son ami qui rendit le dernier soupir dans ses bras. Voici la lettre inédite, si je ne me trompe, écrite par le dévoué garde-malade à Pierre Du Puy, le 16 juin 1637: « Monsieur, je prenoy la plume pour faire sçavoir à M. de Valavez l'estat de la maladie de M. Peiresc, son frère, quand M. le baron de Rians est survenu et s'est chargé de le faire luy-mesme. Au deffaut de cela, M. de Peiresc a trouvé bon que je vous escrivisse un mot pour faire ses excuses et accuser la réception de vostre despesche du 6e de ce mois. C'est donc ce que je fay et y adjouste pour vostre satisfaction que par la grâce du bon Dieu ceste maladie n'est point dangereuse, ny de la malignité de ces autres qui sont en grand nombre en ceste ville et en beaucoup d'autres lieux de la province. Aujourd'huy mesme qui est le septiesme, le repos a esté plus doux et la fièvre moindre que de coustume, et avec cella la nature s'est tellement deschargée par des sueurs, par des urines et par quelques petits exanthèmes que le médecin nous asseure que dans demain ce bon seigneur commencera à reprendre ses forces. Les autres malades n'en sont pas quittes à si bon marché que cella, n'y en ayant point dont le septiesme ne soit très-fascheux, et dont le quatriesme ne porte l'esprit à des resveries fort extravagantes. M. de Peiresc, Dieu merci, n'a rien esprouvé de semblable... En un mot, Monsieur, tout va bien et j'ose vous donner parole qu'il n'y a rien à craindre... » (*Collection Du Puy*, vol. 718, fo 388.)

[3] Peiresc laissa, de plus, à Gassendi le portrait du docte Wendelin, leur ami commun, celui à qui sont adressées les trois lettres réunies dans l'opuscule intitulé : *Proportio gnomonis ad solstitialem umbram, observata*

**

beaucoup de peine, M. le Baron de Rians, son neveu, ne voulant aucunement
excuter sa volonté, s'en moquant à cause de son avarice [1], et tout le monde
sçait encore ce que esprit malicieux a voulu faire (croire quant) aux habitudes de nostre Pierre [2].

1638. — Aagé de quarante et sept ans.

Au mois de juin il estoit à Digne.

Au mois de febvrier M. le duc d'Angoulesme le mena avec luy dans
sa visite de toute la coste de son gouvernement [3]. M. de Champigny, son amy,
Intendant de jus'ice [4], est de la partie. Dans ce voyage il passe à Salon et
on luy montre la prédiction de Nostradamus, etc. [5].

1639. — Aagé de quarante-huict ans.

Au mois d'avril il estoit à Aix.

1640. — Aagé de quarante-neuf ans.

Au mois d'aoust il estoit à Aix; il escrit une letre à Licetus *de Apparente magnitudine*, etc [6].

Massiliæ an. 1636 pro Wendelini voto (La Haye, 1656, in-4°). C'est dans cet
opuscule que Gassendi a si bien réhabilité le célèbre navigateur marseillais
Pytheas.

[1] Ce ne fut pas seulement à l'égard de Gassendi que l'indigne héritier
de Peiresc se montra déloyal : bien d'autres reproches s'élevèrent contre
lui, et on peut dire que la conduite du baron de Rians (Claude de Fabry)
envers les meilleurs amis de son oncle fut aussi mesquine et honteuse
qu'avaient été nobles et généreux les procédés de celui qui, devant la postérité la plus reculée, gardera la gloire d'avoir été le plus infatigable protecteur des lettres, des sciences et des arts.

[2] Je ne sais comment expliquer ce passage où, discrète et voilée, l'on
sent l'indignation d'un homme outragé dans ce qu'il a de plus cher, l'honneur du héros de la famille. Les biographes de Gassendi n'ont rien dit des
calomnieuses insinuations de l'avide baron de Rians.

[3] Louis-Emmanuel de Valois, comte d'Alais, fils de Charles d'Angoulême,
fut nommé, dans l'automne de 1637, gouverneur de Provence, en remplace-
ment du maréchal de Vitry. Voir sur son administration l'étude publiée par
M. Paul Gaffarel dans la *Revue historique* (1876) sous ce titre : *La Fronde
en Provence*. On a de nombreuses lettres du comte d'Alais à Gassendi et de
Gassendi au comte d'Alais (t. VI des *OEuvres complètes*).

[4] François Bochard, dit de Champigni, seigneur de Saron, second fils de
Jean Bochard, premier président au parlement de Paris, fut conseiller au
Grand Conseil, maître des requêtes, conseiller d'État, etc. Intendant en Provence (1637), il alla ensuite en la même qualité dans le Dauphiné, puis à
Lyon, où il se noya en 1665. C'était, dit le *Moréri* (article *Bochard*), un homme
savant, aimant les gens de lettres, et dont le nom est célèbre dans les écrits
de Gassendi.

[5] Le médecin et astrologue Michel de Nostredame, dit Nostradamus, était mort
le 2 juillet 1566, à Salon (chef-lieu de canton de l'arrondissement d'Aix, à 33 kilomètres de cette ville). Bougerel a eu raison de s'exprimer ainsi (p. 177) :
« Je crois devoir rapporter à ce voyage ce qu'il (Gassendi) dit (*Phys.*, t. I
de l'édition in-f°, p. 147) lui être arrivé à Salon, dans la maison de J.-B. Suffren, juge de cette ville, qui leur communiqua l'horoscope d'Antoine Suffren,
son père, et frère du jésuite Jean Suffren, confesseur de Louis XIII, horoscope fait et écrit de la propre main de Nostradamus. »

[6] La lettre à Fortunio Licetti porte la date du 30 août. Voir sur Licetti,

Au mois de décembre il est à Aix; escrit deux letres à M. Du Puy *de Motu impresso*, etc. [1].

1641. — Aagé de cinquante ans.

Il va à Paris au mois d'Aoust [2], ayant esté esleu dans l'Assemblée du clergé à Mante agent général du clergé de la province pour l'Assemblée générale du clergé de France qu'on tenoit à Paris, mais un certain Hugues, grand vicaire en l'église d'Ambrun [3], luy disputa cete charge et, pour ne perdre son temps dans la chicane des procez, etc., il luy quitta cete charge et s'accommoda avec luy moyennant 8,000 livres, de quoy il a touché seulement 4,000 livres avec beaucoup de peine [4].

Il observe l'éclipse à Paris.

M. de Chante-Clere luy lègue par testament 1,000 livres qu'il a receu [5].

Parut son livre *Vita Peireskii senatoris Aquensis*, 4° [6].

alors professeur de philosophie à Boulogne, et que l'on regardait comme un des plus savants hommes de l'Italie, le livre de Bougerel (p. 188).

[1] Bougerel (*Catalogue*, p. 464) met en 1642 l'impression des deux lettres écrites à Pierre Du Puy le 20 novembre et le 10 décembre 1640, et il ajoute qu'une troisième lettre au même érudit parut en 1649 avec une vive préface de Mathurin de Neuré, le gouverneur des princes de Longueville, contre J.-B. Morin. Les trois lettres ont été recueillies dans les *OEuvres complètes*.

[2] Il convient de faire observer que Gassendi était déjà à Paris au commencement de février 1641 : le 9 de ce mois, il alla faire une visite à son vieil ami le P. Mersenne (Bougerel, p. 191). Il quitta Paris le 25 du même mois, pour se rendre à Mantes (Seine-et-Oise), d'où il revint bientôt à Paris. Ce fut alors, comme l'a rappelé M. Jules Loiseleur dans son remarquable travail sur *les points obscurs de la vie de Molière* (n° du 15 octobre 1876 du journal *le Temps*), que Gassendi fut le professeur de philosophie du jeune Poquelin, de Bernier et de Chapelle.

[3] Ce *certain Hugues*, comme le désigne trop dédaigneusement notre auteur, était le neveu de Guillaume d'Hugues, archevêque d'Embrun. La famille d'Hugues était une des bonnes familles de Provence. Voir le *Nobiliaire de Provence*, par l'abbé Robert de Briançon (Paris, 1693, t, II, f° 233).

[4] Voir sur cet accommodement les *Mémoires* de celui-là même qui contribua le plus à l'obtenir, l'archevêque de Toulouse, Charles de Montchal (2 vol. in-12, 1728, *passim*, mais surtout t. II, p. 240, où on lit que les commissaires considérant « que le sieur Gassendi, personnage de grande littérature, qui avoit le plus de voix pour être agent, aimoit mieux manier ses livres qu'il traite si dignement, que les sacs des procès et papiers du clergé, desquels ledit sieur Hugues avoit plus de connoissance, contentèrent l'inclination des deux et firent l'avantage du clergé; en les disposant à partager les appointements de la charge (4,000 livres par an). » Conférez les *Lettres, Instructions diplomatiques et Papiers d'État du cardinal de Richelieu*, recueillis et publiés par M. Avenel, t. VI, p. 862.

[5] Quelque parent, sans doute; peut-être un fils, de ce Charles de Chanteclerc, mort conseiller d'État en 1620, et qui, selon la formule employée par les rédacteurs du *Moréri*, donna « des preuves de son érudition » dans divers écrits publiés de 1610 à 1616.

[6] Le livre parut en septembre, chez Cramoisy. Bougerel en donne une excellente analyse (pp. 203-206) et raconte ensuite fort bien l'histoire de ce livre, qui reste un modèle de biographie (p. 207-210).

Monsienr Luillier l'oblige à demeurer avec luy, ce qu'il accepte[1], et vivant à sa table et en amy, il y demeure jusqu'à son despart de Paris pour Provence qui fut l'an 1648 au mois d'octobre.

Monsieur de Mesmes, président au parlement de Paris, le pressoit en ce mesme temps pour l'avoir chez luy près Monsieur d'Avaux, son fils [2].

1642. — Aagé de cinquante et un ans.

Il estoit à Paris.

Fut publié son livre *Epistolæ de sole humili* [3], *et de Motu impresso*, etc. 4°.

Au mois de décembre, il escrit une letre au P. Cazræus [4] *de Proportione*, etc.[5], l'adresse à M. de la Mare, conseiller de Dijon [6].

1643. — Aagé de cinquante et deux ans.

Fut publié son livre *Judicium de novem stellis*, etc. 8°[7].

Il estoit à Paris.

Au mois d'avril il escrit une lettre à M. Naudé *de Novem stellis* de la maison d'Escouan, où M. le duc d'Angoulesme, son amy, l'avoit mené pour passer les festes de Pasques [8].

1644. Aagé de cinquante et trois ans.

Il estoit à Paris.

Parut son livre *Disquisitio adversus Cartesium*, 4° [9].

---

[1] Ce fut donc en 1641, et non lors de son précédent voyage à Paris, comme l'a pensé Bougerel, dont j'ai rapporté l'opinion tout à l'heure, que Gassendi devint l'hôte du père de Chapelle.

[2] Jean-Antoine de Mesmes, seigneur d'Irval, mort président à mortier du parlement de Paris le 23 février 1673, eut pour fils aîné Jean-Jacques de Mesmes, comte d'Avaux, qui lui aussi devint président du parlement et fut, en outre, un des quarante de l'Académie française.

[3] Le véritable titre, trop abrégé ici, est : *Epistolæ IV de apparente magnitudine solis humilis atque sublimis* (Paris, Hacqueville).

[4] Pierre Cazré, de la Compagnie de Jésus, était alors recteur du collége de Dijon ; il fut aussi recteur des colléges de Metz et de Nancy. Sur le P. Casræus (né à Rennes en 1589, mort à Dijon en 1664), voir la *Bibliothèque des écrivains de la Compagnie de Jésus*, par les PP. de Backer et Sommervogel (in-f°, 1869, col. 1107). Les savants biographes ne manquent pas de citer là une lettre du P. Cazré à Gassendi (t. VI des *Opera omnia*, p. 448), ainsi que l'épitre par laquelle il lui dédia sa *Physica demonstratio* (1640).

[5] *De proportione qua gravia decidentia accelerantur*, etc. (Paris, Hacqueville, in-4°).

[6] Philibert de La Mare, l'habile et zélé érudit bourguignon, si digne d'être le biographe de son illustre compatriote Claude de Saumaise, avait avec Gassendi, comme avec presque tous les savants de son temps, les meilleures relations. Voir les lettres adressées par Gassendi *Philiberto de La Mare, senatori Divionensi* dans le t. VI des *Œuvres complètes* (pp. 116, 122, 126, 134, etc.), et les réponses du magistrat-bibliophile (pp. 441, 442, 446, 447, 452, etc.).

[7] Bougerel indique un autre format (in-4°) avec ce titre un peu différent : *Novem stellæ visæ circa Jovem, et de eisdem judicium*. Le livre donna lieu à deux ouvrages du fécond Caramuel (1643, in-12).

[8] Il s'agit là du magnifique château d'Écouen, bâti par Bulland pour le connétable Anne de Montmorency (arrondissement de Pontoise, à 35 kilomètres de Versailles).

[9] Plutôt *Disquisitio metaphysica... adversus Cartesii metaphysicam,*

Monsieur Aubery du Maurier [1] luy legua par testament tous ses instruments de mathématique et toutes ses machines et vingt volumes à choisir de ses livres, lesquels il a receu des mains de Monsieur son frère, cet illustre gentilhomme qui nous a donné *Dissertatio de mari Balthico*, etc.. livre curieux pour l'histoire [2].

1645. — Aagé de cinquante et quatre ans.

Il estoit à Paris.

Il fut receu professeur du Roy es mathématiques [3] par la mort de M. Stella à la sollicitation que luy en fict M. le cardinal de Lyon, grand aumosnier de France, etc., son amy [4].

Parut son *Oratio inauguralis*, dédiée à ce cardinal, 4o [5].

Au mois de may il escrit deux lettres au Père Cazrœus, *de Proportione qua*, etc [6]

1646. — Aagé de cinquante et cinq ans.

Il estoit à Paris.

[1] Daniel Aubery du Maurier, né à Paris, le 9 décembre 1612, qui fut aide de camp dans l'armée du duc d'Enghien et périt à la bataille de Nordlingen, le 3 août 1645, et auquel la *France protestante* (t. I, 1876, col. 455) donne cet éloge qui s'accorde si bien avec la mention du legs fait à Gassendi : « Il passait de son temps pour exceller dans toutes les parties des mathématiques. » C'était le troisième fils de Benjamin Aubery, sieur du Maurier, le célèbre ambassadeur de France en Hollande, l'ami de Peiresc, de Grotius, des frères Du Puy.

[2] Louis, le second fils de Benjamin, né à Paris le 24 juillet 1609, mort en son château de Maurier en 1687, est l'auteur des *Mémoires pour servir à l'histoire de Hollande* (1680, in-8o). Les rédacteurs de la *France protestante*. qui le présentent (t. I, col. 457) comme « le plus connu des quatre fils de Benjamin Aubery, » n'ont pas cité la dissertation ici mentionnée. Elle est fort rare, du reste, comme nous l'apprend en ces termes M. B. Hauréau (*Histoire littéraire du Maine*, nouvelle édition, tome Ier, 1870, p. 195) : « D'anciens catalogues attribuent, en outre, à Louis Aubery, un libelle anonyme que nous ne connaissons pas, et qui ne se trouve mentionné ni dans la *Bibliothèque* d'Ansart, ni dans la notice de Ch. Ancillon, ni dans le *Dictionnaire* de M. Barbier, ni même dans la *Bibliothèque de droit* de Martin Lipenius. En voici le titre, tel qu'il est rapporté par M. Desportes (*Bibliographie du Maine*; il est aussi désigné à la page 134 de la *Bibliothèque Bulteau*) : *Super vetere Austriacorum proposito de occupando mare Baltico, omnibusque Poloniæ et septentrionalis Germaniæ mercaturis ad se attrahendis in Galliarum et fœderati Belgii detrimentum*. Paris, 1644, in-4o. Cette dissertation, qui doit-être intéressante à plus d'un titre, se place à côté des traités de Grotius, de Selden, de Graswinckel : nous regrettons vivement de n'avoir pu la rencontrer. »

[3] Voir le *Mémoire historique et littéraire sur le collège royal de France*, par l'abbé Goujet (3 vol. in-12, 1758, t. II, pp. 157 et suiv.)

[4] Alphonse-Louis du Plessis de Richelieu, frère aîné du cardinal de Richelieu, avait connu et apprécié, étant archevêque d'Aix (1626-1628), son futur protégé.

[5] Ce fut le 23 novembre que fut prononcé ce discours d'inauguration qui fut trouvé très-beau (Bougerel, p. 279.)

[6] Nous avons déjà vu la première lettre du P. Cazrœus mentionnée à l'année 1642.

Parut son livre *de Proportione qua gravia decidentia* etc., 4°, *Adversus Cazræum* [1].

1647. — Aagé de cinquante et six ans.

Il estoit à Paris.

Parut son livre *Institutio astronomica*, 4°.

Parut aussi *de Vita et moribus Epicuri*, 4° [2].

M. le prince de Conty [3] luy demanda les provisions du prioré de Romollos [4] au diocèze de Riez en Provence, mais comme il en alloit faire prendre possession, un dévolutaire l'obtint par arrest du Parlement de Provence [5].

1648. — Aagé de cinquante et sept ans.

Il s'en retourne en Provence au mois d'octobre [6].

Il s'en va tout droit à Aix près M. le comte d'Alais, duc d'Angoulesme, commandeur (*sic* pour gouverneur) de Provence, et là demeure six mois.

1649. — Aagé de cinquante et huict ans.

Au mois de may il s'en va à Digne [7].

Parut son livre *Apologia adversus Morinum*, etc., 4°.

Parut aussi *Philosophia Epicuri*, volumina III, fol° [8].

Au mois de décembre, il va à Toulon, Monsieur le duc d'Angoulesme lui envoyant sa litière pour le faire venir près de luy [9].

1650. — Aagé de cinquante et neuf ans.

Il est à Toulon [10].

---

[1] C'est la réunion des trois lettres de 1642 et de 1645.

[2] Sur ce livre je me contenterai de citer la judicieuse appréciation de Bougerel (pp. 291-301).

[3] On lit à la marge du manuscrit : Armand de Bourbon, et un peu plus bas : Au mois de décembre, *Gallerius moritur Aquis sextiis.* Ce fut le 5 décembre, à l'âge de quatre-vingt-trois ans, que mourut le prieur de la Valette. Voir ce qu'en dit Bougerel, d'après l'historien d'Aix, Pitton, (pp. 304-305.)

[4] Aujourd'hui Roumoules, commune du département des Basses-Alpes, arrondissement de Digne, canton de Riez.

[5] Bougerel assure (p. 301) que Gassendi supporta très-philosophiquement ce revers, et il cite une lettre pleine de résignation qu'à ce sujet son héros adressa au comte d'Alais.

[6] Bougerel (p. 310) confirme ainsi les renseignements des *Mémoires :* Gassendi arriva le dernier jour d'octobre à Lyon, vers la fin de novembre à Tarascon, et le 2 décembre il était à Aix, où il passa une partie de l'année suivante.

[7] Au commencement de juin, dit Bougerel (p. 321). d'après Sorbière, Gassendi partit pour Digne. On voit qu'ici l'écart entre les deux dates n'est que de quelques jours.

[8] L'auteur des *Mémoires* résume ainsi le titre du grand ouvrage dédié à François Barancy, titre qui est celui-ci : *De vita, moribus et placitis Epicurii seu animadversiones in X librum Diogenis Laertii.* En appendice, Gassendi publia une exposition de la doctrine d'Épicure avec réfutation : *Syntagma philosophiæ Epicurii cum refutationibus dogmatum quæ contra fidem christianam ab eo asserta sunt,* etc. Voir Bougerel (pp. 324-328).

[9] Bougerel (p. 331) nous avait déjà appris que Gassendi arriva dans la litière du comte d'Alais *à la fin de novembre* à Toulon.

[10] Le 5 février de cette année, nous dit Bougerel (p. 345), « Gassendi grimpa (*sic*) la plus haute montagne de Toulon avec Neuré, Blondel, Bernier, Chapelle, La Poterie, son secrétaire, pour faire les expériences du vuide avec le vif argent. »

Monsieur Luillier, son amy, passant par là y tombe malade; il l'assiste et ne le quitte point tant qu'il (ne) fut guary.

1651. — Aagé de soixante ans.

Au mois d'avril il s'en va à Digne, Monsieur Luillier estant party pour l'Italie et Monsieur le duc d'Angoulesme pour Paris [1].

1652. — Aagé de soixante et un ans.

Il est à Digne.

1653. — Aagé de soixante et deux ans.

Au mois d'avril il s'en va à Paris et loge chez Monsieur de Montmor, conseiller du Roy en ses Conseils et Maistre des Requestes ordinaire de son hostel [2].

Il passe par Sisteron pour voir M. Arbaud, sieur de Bargemon, évesque dudit

---

[1] C'est ce que Bougerel (p. 351) avait tiré des lettres de Gassendi : « Luillier se trouvant un peu mieux voulut absolument partir pour l'Italie, et tout ce que put faire Gassendi fut de l'accompagner jusqu'aux isles d'Hyères, où il s'embarqua : ensuite Gassendi quitta Toulon au milieu du mois d'avril, s'en alla à Digne, etc. » Tallemant des Réaux (*Historiettes*, t. IV, pp. 194-195) parle ainsi du dernier voyage de Luillier : « Il alla en Provence trouver son bastard, qu'il avoit donné à instruire à Gassendi, son intime, qui avoit logé icy chez luy si long temps. Il fut bien malade à Toulon; de là il passa en Italie, fut encore malade à Gênes, et enfin mourut à Pise. Il n'y a jamais eu que luy au monde qui se soit fait conseiller à Toul pour aller mourir à Pise. » Le savant annotateur des *Historiettes* a publié (t. IV, *Appendice*, pp. 489-516) dix lettres de Luillier à Boulliaud : la dernière de ces lettres est écrite « de Toulon, ce 26e de décembre 1650; » Luillier y parle de sa maladie, de Gassendi, du départ du duc d'Angoulême (du 6 du même mois), etc. A la marge du manuscrit 12270, en regard du passage relatif à Luillier, on lit : *Luillerius moritur Pisis in Italia en febvrier 1652.* Bougerel n'a pas connu cette date : du moins, il ne l'indique pas. A la même marge on trouve cette note qui s'applique à l'année 1651 : « *Petrus Puteanus moritur Parisiis die XIV decembris.* »

[2] Henri-Louis Habert de Montmor habitait la rue Saint-Avoye, comme nous l'apprennent les lettres que le neveu de Gassendi écrit à son oncle. Bougerel, dit, d'après Sorbière, qui était un des habitués du cabinet du magistrat-académicien (p. 372) : « Le mois de may arrivé, Gassendi, accompagné de Bernier, prit la route de Paris et fut descendre à l'hôtel de Montmor. Henri-Louis Habert de Montmor, l'un des quarante de l'Académie française, philosophe, poëte latin, et un de ses anciens et meilleurs amis, l'avoit fait prier très-instamment par Chapelain et par Neuré de prendre un appartement chez lui; il lui en avoit écrit lui-même de la manière la plus pressante. » L'abbé d'Olivet (*Catalogue de Messieurs de l'Académie*, t. I de l'édition donnée par M. Livet de l'*Histoire de l'Académie française*, p. 560) s'exprime ainsi : « Gassendi, le plus savant philosophe du dernier siècle, et comparable lui seul à tous ceux qui sont venus depuis Aristote, éprouva dans la maison de M. de Montmor que la possession d'un bon ami peut tenir lieu de tout. Il y vécut plusieurs années, il y mourut et M. de Montmor, après avoir recueilli ses derniers soupirs, non-seulement lui érigea un mausolée dans Saint-Nicolas-des-Champs; mais ce qui valoit encore mieux pour la gloire de son ami, et pour l'utilité du public, il rassembla tous les ouvrages de ce grand homme en six volumes in-f°. A la tête de cette édition se trouve une préface latine de M. de Montmor, écrite sensément et de bon goût. »

lieu, son amy, puis par Grenoble pour y voir aussy M. de Valois, son amy.
Monsieur le duc de Lesdiguières fut aussy bien aise de le voir[1].

Il passe par Lyon et visite le lieu où M. le cardinal archevesque dudit
lieu, son amy, fut enterré, etc.[2].

Au mois de novembre, *Valesius princeps moritur Parisiis presente (Gassendo)*, le XI[3].

Petrus Burdinus S. T. moritur Parisiis, die 27 decembris[4].

1654, — Aagé de soixante et trois ans.

Il est à Paris.

Parut son livre, *Tychonis-Brahei*. etc., *vitæ*, 4º[5].

Parut aussi *Notitia Diniensis ecclesiæ*, 4º[6].

Parut *Kalendarii romani*[7].

Au mois d'aoust, il va prendre l'air des champs au chasteau de M. de
Montmor, à sept lieues de Paris, et là il observe l'éclipse de soleil et celle de
la lune[8].

---

[1] François, duc de Lesdiguières, était fils du maréchal de Créqui et de Magdelène de Bonne, fille du connétable de Lesdiguières.

[2] Le cardinal de Lyon était mort le 23 mars de cette année. Bougerel, qui
dit (p. 272) : « On peut juger combien Gassendi fut sensible à la mort d'un
tel ami et d'un tel protecteur, » n'a pas mentionné cette pieuse visite au tombeau du cardinal. — On lit à la marge du manuscrit, sous l'année 1653 : Le
30e jour au mois de juillet, *Naudæus moritur Abbavillæ in Picardia rediens
Suecia*, et un peu plus bas : *Barancius moritur Lugduni le 18e juillet*. Voir
sur ces deux événements Bougerel qui (p. 373) met la mort de Naudé au
29 juillet avec Guy Patin, Colletet, le P. Jacob (en son épitaphe de Naudé), le
P. Niceron, etc., et qui (p. 353) n'assigne aucune date à la mort de François
Barancy.

[3] Le chiffre est peut-être mal fait : le duc d'Angoulême mourut le 14 novembre (Bougerel, p. 377).

[4] Je ne vois aucun érudit du nom de *Burdin* ou *Bourdin* parmi les amis de
Gassendi, et ce nom est absent de la *Table des matières* du livre de Bougerel.
J'aurais pensé au mathématicien auquel on doit l'ouvrage suivant : *Remarques de Jean-Baptiste Morin, sur le commentaire du centiloque de Ptolémée, mis
en lumière par Nicolas Bourdin, pour servir de fanal aux esprits studieux de
l'astrologie* (Paris, 1654, in-4º), si d'abord cet éditeur n'avait porté le prénom
de *Nicolas* au lieu de celui de *Pierre*, et si surtout il n'était mort en 1676.

[5] *Tychonis-Brahei equitis Dani astronomorum coriphei, Nicolai Copernici
Georgii Puerbachii et Joanis Regiomontani, astronomorum celebrium vitæ*. Voir
ce que dit Bougerel de ce recueil (p. 380-393) : il est difficile d'y rien
ajouter.

[6] Les auteurs du *Gallia christiana* n'ont pas manqué de mentionner honorablement cet ouvrage (tome III. col. 1140) : « *plura opera edidit, inter quæ
non reticenda est episcoporum ecclesiæ suæ Diniensis accurata notitia.* »

[7] Non, mais *Romanum calendarium compendiose expositum, etc.* M. Daunou
Cours d'études historiques, tome IV, p. 352) a rappelé que Gassendi, « l'un
des esprits les plus étendus et les plus éclairés de cette époque, s'est livré à
l'étude de la chronologie et particulièrement du calendrier de Rome.» Ce savant
critique a très-bien jugé Gassendi comparé avec Descartes (tome IV, p. 449
et surtout t. XX, pp. 287-294). Ces pages sont au nombre des meilleures de
toutes celles qui ont été écrites sur *le plus lettré des philosophes, le plus philosophe des littérateurs*.

[8] Nous lisons dans le livre de Bougerel (p. 397): Gassendi fut ensuite se

Il revient à Paris au commencement d'octobre.

Au mois de novembre il tombe malade le vingt-septième jour et tient la chambre jusqu'au 6 janvier, jour des Rois [1].

1655. — Aagé de soixante quatre ans.

Il est à Paris [2].

Au mois d'aoust, le 23 [3], il retombe malade et une fièvre continue, après soixante-trois jours et treize saignées faictes par ordonnance des médecins [4] le réduit au tombeau au grand regret de tous les sçavants [5], le vingt-quatrième jour d'octobre [6].

délasser au Menil, maison de Montmor (sans doute Mesnil-le-Roi, commune du canton de Saint-Germain-en-Laye, entre la Seine et le forêt de Saint-Germain), où il observa une éclipse de soleil. » C'est cette même éclipse qui, comme l'a raconté Fontenelle, et comme l'a rappelé Arago (*Astronomie populaire*, tome II, p. 582), effraya tant les Parisiens, qu'ils se cachèrent presque tous dans leurs caves.

[1] A la marge du manuscrit se trouve cette note : Au mois de décembre *Valesius moritur Gratianopoli.*

[2] Encore à la marge du manuscrit : *Wormius moritur Hafniæ.* C'est l'historien et antiquaire danois Oslaüs Worm : il mourut le 7 septembre, laissant dix-huit enfants et au moins autant de volumes in-4°.

[3] Bougerel, moins précis que l'auteur des *Mémoires*, se contente de dire (p. 609) : au commencement de l'automne.

[4] Bougerel (p. 409) parle aussi de ces treize meurtrières saignées, d'après Sorbière. « Ces médecins, dit-il, n'épargnant, pas son sang il était déjà extrêmement affaibli de neuf saignées, lorsqu'il leur proposa en forme de doute s'il ne serait pas plus à propos de ne le plus saigner, puisque les forces lui manquaient. » Tout fut inutile, même la ruse du rédacteur de nos *Mémoires* (p. 410) : « La Poterie, son secretaire, ayant voulu lui épargner une saignée, son officieux mensonge fut découvert, il en fut vivement réprimandé et le malade n'en fut saigné que plus copieusement. » On comprend, après cela, l'énergie avec laquelle le docte Pierre Borel (dans un ouvrage de médecine cité par Bougerel) anathématise ces excessives ouvertures de veine : « Je pourrois compter ici parmi ceux qui ont été les victimes des trop fréquentes saignées ce grand homme dont la perte fut pleurée par toute l'Europe, et même dans le monde entier, et rapporter les paroles qu'il dit avant que d'expirer Il avoua qu'il mouroit dans la vigueur de ses ans, pour avoir été trop docile aux médecins. » Patin, en revanche, se montre très-scandalisé et très-irrité du blâme infligé par Sorbière aux buveurs de sang qui tuèrent Gassendi.

[5] Patin se fit l'interprète de ces unanimes regrets dans sa lettre du 26 octobre 1655 : « *Per tanti viri obitum grave vulnus agnosco inflictum reipublicæ litterariæ : eum lugebunt artes mathematicæ, lugebit sanctior et purior philosophia.* » Observons que le dernier éditeur des *Lettres de Guy Patin,* M. J.-H. Reveillé-Parise, a, contre tous les témoignages, fait mourir Gassendi le 25 octobre (note 1 de la page 216 du tome II, 1846).

[6] *Je regrette que La Poterie, qui, pendant toute la maladie de Gassendi, resta auprès de lui, avec un autre fidèle disciple, Bernier, n'ait pas rappelé ici les dernières paroles de son maître. On a raconté que Gassendi dit à son secrétaire d'une voix mourante : *Il vaut mieux s'endormir paisiblement dans le Seigneur, après avoir vu ses forces épuisées, que de perdre la vie avec de plus vifs sentiments de douleur,* et qu'un peu plus tard, appliquant sur son cœur qui déjà ne battait presque plus la main de son ami, il murmura cette parole suprême : *Voüà ce que c'est que la vie de l'homme.* Il est inutile d'ajouter que les *novissima verba* attribués à Gassendi par Deslandes (*Réflexions*

Ses escrits sont entre les mains de Monsieur de Montmor, lequel il a prié par testament d'en avoir soin [1].

Son corps est enterré dans l'église de Saint-Nicolas-des-Champs, sa paroisse [2], en la cave de la chapelle de Monsieur de Montmor [3]. Cete chapelle est desdiée à saint Joseph, près de la grande porte à main droite en entrant.

Il avoit envie de retourner en Provence au commencement du printemps de l'année 1656, mais Dieu ne l'a pas permis,

Sa piété [4].

L'an 1616, il receut le sacrement de prestrise et depuis ce temps là jusqu'à la mort, il n'a jamais manqué de célébrer dévotement la messe tous les dimanches et festes de l'année, hormis que lorsqu'il estoit malade.

Pour remercier Dieu, il ne manquoit jamais de dire la messe le jour de saint Vincent, en commémoration de sa naissance qui fut un pareil jour, le jour de saint Pierre, son patron, le premier jour d'aoust, saint Pierre-ès-liens, pour remercier Dieu de ce que dans un pareil jour il célébra sa première messe, les deux jours des Trespassés qu'on feste en Provence pour prier Dieu pour ses parans et ses bons amis.

Lorsqu'il estoit en voyage et qu'il la pouvoit dire sur les chemins, il la disoit.

Dans sa jeunesse, lorsqu'il avoit plus de force et qu'il ne se sentoit point

---

sur les grands hommes morts en plaisantant, p. 1117), n'ont aucune authenticité et ne méritent que notre dédain.

[1] Ce passage démontre que les *Mémoires* sont antérieurs à 1658, époque où parut l'édition de Lyon. Le testament de Gassendi est du 26 septembre 1655 : son héritière universelle fut sa nièce, fille unique de sa sœur, et femme de Pierre Gassendi, le collaborateur de La Poterie dans la rédaction des présents *Mémoires*. La Poterie est mentionné dans le testament avec François Bernier et Jean Chapelain, dans la correspondance duquel on trouve un certain nombre d'intéressantes lettres adressées à Gassendi. Rappelons que ce fut à la prière de l'auteur de la *Pucelle* que Gassendi composa la *Vie de Copernic* qu'il lui dédia. On peut voir dans le livre de Bougerel (p. 387) le récit d'une visite faite en 1654 à Gassendi par Chapelain et par Ménage.

[2] L'enterrement se fit « en belle compagnie [7], » selon le mot de G. Patin, le 26 octobre dans la matinée. Parmi les « honnêtes gens » qui accompagnèrent Gassendi à sa dernière demeure, Patin énumère Sorbière, à qui il parla, Ménage, Quillet, Chapelain, La Mothe-le-Vayer, de Valois, l'abbé Bourdelet, etc.

[3] Bougerel (p. 420) ajoute que Gassendi fut placé « auprès de Guillaume Budé, maître des requêtes, grand oncle de Montmor, et le plus sçavant homme de son siècle. » L'épitaphe composée par Montmor pour son hôte et son ami (*Viro pio sapienti, docto amico suo et hospiti*) est rapportée par Bougerel (*ibid.*) et aussi par les auteurs du *Gallia christiana* (tome III, col. 1140). Voir dans le livre de Bougerel (p. 458-460) une autre épitaphe composée par Abraham Du Prat ou Du Pré (*Pratæus*), Thomas Martel, S. Sorbière et F. Bernier.

[4] Au sommet de la page (fo 32 vo), on lit dans le manuscrit 12270 : *Mémoires touchant la piété de mon oncle*. Au bas de la même page, on lit : *Maladie, funérailles de feu mon oncle*.

encore incommodé de la poictrine, devant mesme estre prestre [1], et bien
longtemps encore après fortil instruisoit et preschoit le peuple. On l'a veu dans
Aix, dans Grenoble, faire des prédications. A Digne il en fesoit fort souvent
et n'ozoit point s'hazarder à tousjours prescher dans les grandes églises,
mais il alloit le plus souvent prescher dans des petites, comme couvens de
religieuses, etc.

Il fut contraint de quitter ce saint exercice à cause des grandes maladies
qu'il en avoit, et voyant cela il s'appliqua à instruire encore le peuple non
de la voix, mais de la plume, en l'incitant par la connoissance des choses
naturelles à la connoissance du vray Dieu.

Lorsqu'il estoit dans son bénéfice à Digne, il ne manquoit jamais d'assister
au Service, d'aller à la Grande Messe, ouïr la prédication, s'il y en avoit, et
d'aller aux Vespres.

Quand il luy estoit arrivé quelque accident, il ne s'en estonnoit poinct disant
que dans la condition des choses humaines beaucoup de choses peuvent arriver au-delà de nos attentes, qu'il se faut reposer seulement sur la volonté
de Dieu.

Quand il se voyoit malade. il estoit tousjours resolu de souffrir pour l'amour
de Dieu tout ce qui luy pouvoit arriver. Il ne trouvoit rien d'estrange. On ne
luy a jamais qu'ouy dire : Mon Dieu, je veux tout ce que vous voulez ; *fiat
voluntas tua*, etc.

Aussitôt qu'il se voyait malade en moindre peril, il demandoit et recevoit
le Saint Sacrement et réiteroit, quand la maladie estoit longue.

Dans sa dernière, comme il se sentoit peu à peu mourir, craignant que
son bénéfice ne tombast entre les mains de quelqu'un incapable de bien faire
l'office à la gloire de Dieu, il le résigna à une personne capable [2].

Il recommanda fort souvent à son confesseur de le venir voir tous les
jours et de bien prendre garde à luy faire recevoir le saint sacrement de
l'Extresme-Onction lorsqu'il verroit qu'il seroit temps, à quoy le confesseur
veilla et ne manqua de luy faire recevoir, lequel il receut dévotement et avec
toute l'attention et sainteté d'esprit qu'on pourroit souhaiter [3].

Le soir devant sa mort il pria encor son confesseur de le réconcilier, luy
donner l'absolution, et luy dire ses belles paroles pour sortir de ce monde,
ce qui fut faict.

Le lendemain, quatre heures devant mourir, il luy demanda encor
l'absolution et le supplia de faire les prières tout bas auprès de luy, ce
qu'il fit.

Dans tous les livres qu'il a fait, il proteste tousjours que sa volonté est de

---

[1] *Avant* même d'être prêtre. Les sermons dont le biographe va parler
étaient si beaux, dit Bougerel (p. 30), que, longtemps après sa mort, Bernier,
qui en était le dépositaire, voulait en faire un présent au public.

[2] *Præposituram transcripserat sequenti*, disent les auteurs du *Gallia* (t. XIII,
col. 1140): *Nicolaus Taxil canonicus Diniensis, Petri cessione fit præpositus et
admittitur 30 octob. 1655*.

[3] Bougerel dit (p. 411): « Il reçut aussi l'Extrême-Onction avec un grand
recueillement, et avec tant de présence d'esprit, que le Prêtre s'étant mépris
en récitant les prières des onctions, il le redressa. » Plus loin (p. 419), Bougerel rappelle que Montmor a loué la piété que Gassendi fit paraître pendant
sa maladie.

suivre l'Église catholique, apostolique et romaine et de la deffendre au péril de sa vie, n'avoir jamais autre croyance que la sienne, et qu'il chantera sa palidonie, s'il y a quelques endroits douteux, etc. *Vide præfationem vitæ Epicuri.*

Par son testament il donne un fonds à l'église de la Charité de la ville de Digne pour dire à son intention un service à perpétuité et faire des aumosnes.

Il donne à son église cathédrale tous ornements sacerdotaux, argenterie, etc.

L'on n'a jamais remarqué en luy qu'une humilité très-grande. Jamais il n'a tiré gloire de son sçavoir et n'a point caché son extraction. *Vide Præfationem notitiæ Ecclesiæ Diniensis.*

Ea fuit humanitas, ut quoscumque adeuntes benevole exceperit et si quampiam difficultatem proposuerint Illamo (sic pour illico?) dissererit ac declaravit.

Lorsqu'il estoit à Paris, il célébroit la messe, pendant la vie du P. Mersenne au couvent des Minimes de la place Royale [1], après sa mort, à l'Hostel-Dieu. A Tolon, il la disoit au couvent des religieuses de la Visitation, aucunes fois au couvent des Jacobins, pour y voir ensuite le P. Fulconis, son amy [2]; à Aix, au couvent des Carmes, à la Magdelène, aux Pères Jésuites; à Digne, au couvent des religieuses de la Visitation, au couvent des Recollets, lorsqu'il ne la disoit point dans l'église de Nostre-Dame-du-Bourg ou de Sainct-Jérosme. A Paris, en son dernier voyage, il la disoit au couvent des Pères de la Mercye.

Par son ordre, pendant sa dernière maladie, j'allay faire dire des messes à Sainct-Nicolas, sa paroisse, et aux Pères de la Mercye pour son intention.

Par son testament il laisse un fonds pour dire un annuel à son intention en la mesme église de sa sépulture, et prie son confesseur d'en vouloir prendre la peine.

Sa façon d'estudier.

Ille fuit qui non potuit otiose vitam traducere, quique si voce minus valuit, at scripto saltem discentibus præiit.

Ses grandes veilles et ses grands travaux ont bien monstré que jamais sa paresse n'a peu mordre sur luy.

[1] Particularité qui avait été déjà signalée par Perrault (*Les hommes illustres qui ont paru en France pendant le XVIIe siècle*, édition de 1721, in-12, tome I, p. 134): « Il disoit la messe tous les dimanches et toutes les festes, et c'étoit ordinairement dans l'église des Minimes de la place Royale où l'attiroit le Père Mersenne, grand amateur de la philosophie et particulièrement des philosophes avec tous lesquels il avoit fait amitié, leur servant merveilleusement à se communiquer leurs pensées les uns aux autres par le commerce de lettres qu'il avait soin d'entretenir. » Perrault paraît avoir eu d'excellents renseignements sur tout ce qui regarde Gassendi, dont il dit (p. 132) que « son âme estoit encore plus ornée de vertus que son esprit ne l'estoit de connoissances. »

[2] Bougerel a oublié de nous faire connaître cet ami de Gassendi.

Je luy ay souventes fois ouy dire qu'il avoit plus estudié le nuict (*sic*) que le jour, qu'il avoit veillé une infinité de nuicts entières, principalement en sa jeunesse, tant l'amour des lettres luy estoit à cœur, et qu'il les chérissait de son propre mouvement, sans y avoir esté excité par aucune personne, aucun des siens ny de ses voisins n'ayant cultivé les Muses.

L'on peut dire que parmy les rochers tout escharpez, dans les neiges dont son pays est environné, cete belle fleur nasquit glorieusement pour l'ornement des letres et des siens.

Dans sa jeunesse, il s'amusoit à lire toutes sortes de livres (et ne manquait pas) de les parcourir *entièrement* depuis le *premier feuillet jusqu'au* dernier.

Peu à peu connoissant les bons, il délaissa tous ceux qui ne contenaient point une doctrine solide, et s'appliqua tout de bon à la vraye philosophie, à séparer ce qu'il y a de bon dans les autheurs d'avec ce qui ne vaut rien, à connoistre parfaitement les bons autheurs, la belle latinité et à sçavoir à fonds les langues grecque et latine, par le moien desquelles il a fait et monstré de grands progrez par les beaux livres qu'il a donné au public.

Il avoit une si grande facilité du grec que sans livre et sur le champ les vers latins il les tournoit en grecs, et les grecs en latins, tousjours avec la mesme façon de vers, et de toutes les autres sortes qu'on désiroit [1].

Il connoissoit aussi fort bien la langue hébraïque, et s'en louait en des passages aux occurences; l'on en voit dans ses escrits [2].

Il avoit tousjours cultivé si bien sa mémoire qu'il sçavoit presque tous les autheurs par cœur et se rescouvroit fort bien des endroicts où ils traitoient telle et telle chose.

Ce qui est admirable, il sçavoit par cœur et *récitoit* souvent à par soy en voyage ou en maladie, pour se désenuyer, toute une suite de six mil vers latins des plus beaux qu'il avoit tiré des poètes moraux [3]. Il avoit la mémoire si excellente qu'il n'oublia pas ce qu'une fois il avoit appris par cœur. Il sçavoit encore tout son Despautere par règle, etc. [4].

Son estude principale estoit le matin, se levant tous les jours dès trois ou quatre heures, et ne quittant point sa table qu'il ne fut l'heure de disner ou que quelque compagnie luy survint.

Après disner, il s'entretenoit une couple d'heures avec la compagnie, puis s'alloit promener une heure ou deux dans les jardins et se remettoit

---

[1] Les biographes de Gassendi ne nous avaient rien dit de tous ces tours de force.

[2] L'abbé Taxil affirme, dans l'oraison funèbre de Gassendi, que, lors de la soutenance des thèses de 1621, son prédécesseur répondit en grec et en hébreu aux arguments qu'on lui adressa. Dans une lettre à Peiresc de l'année 1630, citée par Bougerel (p. 89), on voit que Gassendi employait, tous les jours quelques heures, avec Luillier, à l'étude de la langue arabe.

[3] Bernier, dans la *préface* de son *abrégé*, nous avait déjà parlé de la quantité prodigieuse de vers grecs, latins et français choisis par Gassendi dans tous les poètes et qu'il avait appris par cœur, prétendant qu'il savait six mille vers latins, sans compter tous les vers de Lucrèce, et qu'il en récitait tous les jours six cents, en se promenant, afin de se délasser l'esprit.

[4] On sait que Jean Despautère, qui était le Lhomond de ce temps-là, publia son rudiment dans les premières années du XVIe siècle (1512).

aussitôt à l'estude pour jusqu'à huict heures du soir, qu'il fesoit sa collation, après laquelle il se promenoit un peu dans sa chambre, puis se mettoit au lict sur les neuf heures ou neuf heures et demie [1].

La toux l'incommodoit souventes fois la nuict et bien plus que le jour, si bien qu'aucunes fois il ne reposoit point, demandoit de la chandele et se mettoit à l'estude des deux à trois heures [2].

Il avoit coustume de tenir tousjours devant ses yeux un morceau de papier, le mettant dans son chapeau ou son bonnet, lorsqu'il estudioit à la chandele pour empescher la grande lumière de ne blesser la veue; et le jour aussi pour empescher la clarté, etc. Il avoit aussi la veue fort bonne.

Il avoit coustume d'escrire fort menu et viste; il aimoit mieux tout escrire de luy mesme que de dicter, à cause que le parler luy fesoit mal. C'estoit rarement qu'il luy (c'est-à-dire à son secrétaire) dictoit, mais aucunes fois il se faisoit dicter des passages, etc., afin de les escrire plus viste.

Tousjours estant à table, il avoit la plume à la main ou lisoit dans des livres.

Il n'approchoit jamais du feu, mais il s'habilloit fort chaudement, et se chaussoit de mesme.

Il se tenoit fort droit lorsqu'il écrivoit, et il escrivoit bien lisiblement sans y prendre aucune peine.

Il avoit tant de patience et de perseverance au travail qu'il ne s'estonnoit pas pour escrire des rames de papier tout de suite, sans discontinuer.

Lorsqu'il ne pouvoit sortir pour s'aller promener dans la campagne, il se promenoit dans sa chambre et fesoit ainsy autant de chemin (que) s'il eust été bien loin.

Lorsqu'il estoit à Digne, après disner, presque tous les jours, il montoit une heure ou deux à cheval, se promenant dans les champs, aucunes fois à pied.

Lorsqu'il estoit à Paris, de ses amis le venoient aucunes fois prendre en carosse et sortoient de la ville se promener [3]; aucunes fois il se contentoit de se promener dans le jardin.

---

[1] Bernier et La Poterie ne pouvaient qu'être d'accord sur les habitudes d'un savant qu'ils avaient si bien connu : aussi ne faut-il pas s'étonner de lire dans la *préface* si souvent citée que Gassendi se levait à trois ou quatre heures tous les matins, quelquefois même à deux, travaillait jusqu'à onze, puis, de nouveau, de trois heures de l'après-midi jusqu'à huit, où il soupait assez légèrement, se couchant régulièrement entre neuf et dix. Bernier n'a-t-il pas raison d'ajouter qu'il n'y a jamais eu de philosophe qui ait autant étudié ?

[2] Ces renseignements, ainsi que les renseignements qui suivent, manquent aussi bien dans les notices ou discours de Bernier, de Sorbière, de Taxil, que dans le livre de Bougerel.

[3] On allait ainsi tantôt à Gentilly chez Gabriel Naudé, tantôt dans la maison de campagne de quelque autre ami. Il en est qui ont osé faire de ces promenades des parties de débauche. Ils ont oublié que Gassendi était, comme Épicure, le plus sobre des hommes et que c'était notamment un buveur d'eau, comme l'atteste Guy Patin qui fut quelquefois son gai compagnon. (Lettre du 27 août 1648.) On voit par une lettre de notre philosophe à Neuré (octobre 1553) qu'en l'année 1631 ces promenades champêtres avaient produit un livre très-sérieux, résumé des doctes conversations de Diedati, de Gassendi, de La Mothe-le-Vayer, de Neuré et de Gabriel Naudé

Lorsqu'il estoit à Aix ou à Tolon, il s'en alloit promener dans les oliviers avec de ses amis philosophant[1].

Lorsqu'il estoit en voyage, tousjours il fesoit suivre ses livres et tousjours il estudioit. Lorsqu'il estoit malade et qu'il pouvoit suporter la lecture, il se fesoit lire ou escrivoit dans le lict, si bien que l'on peut dire qu'il n'a point perdu le temps, car il estoit très marry lorsqu'il ne pouvoit estudier, et il disoit qu'il estoit mesme malade lorsqu'il ne le pouvoit pas faire. Quand on le venoit destourner de son estude du matin principalement, il n'estoit pas trop aise, quoyque jamais il n'eust la hardiesse d'en tesmoigner le moindre mescontentement. Il recevoit toujours son monde fort aimablement, joyeusement et civilement.

Il avoit leu tous les bons autheurs, historiens, philosophes, humanistes et avoit la mémoire si bonne, qu'il sçavoit presque tout ce qu'ils contiennent de curieux et utile.

Il aimoit tant l'estude et trouvoit le temps si cher et si précieux qu'il ne vouloit point le perdre en se fesant raser le poil[2]. Seulement se contentoit-il, n'ayant jamais voulu passer pour joly[3], de se le couper luy-mesme avec ses petits ciseaux d'estuy, quand il s'en ressouvenoit, et cela en estudiant.

Sa façon d'observer.

Dans sa jeunesse, il fut fort curieux d'observer les choses célestes. Il prenoit un plaisir très-particulier d'observer; il oublioit sa santé, demeuroit des nuicts entières à l'air, au froid[4], au serain, et je luy ay souvent ouy dire qu'il ne pouvoit point s'en empescher, qu'il estoit comme le chat après la

---

lequel publia ce livre à Rome, en 1637, in-4°, sous le titre de *Syntagma de militari Studio*. Parmi les vils calomniateurs de Gassendi, il faut mettre au premier rang un mauvais drôle nommé Jacques Bouchard, dont les *Mémoires* inédits, écrits avec le cynisme le plus révoltant, ont été cités par M. Paulin Paris (*Historiettes* de Tallemant des Réaux, t. IV, p. 197). Les récits de Bouchard qui d'ailleurs n'atteignent qu'indirectement Gassendi et qui lui attribueraient surtout des amitiés compromettantes et de fâcheux voisinages, s'évanouissent devant cet éloge du peu suspect Guy Patin (Lettre du 8 janvier 1649): « C'est un abrégé de vertu morale et de toutes les belles sciences. »

[1] Ceci ferait penser aux *Péripatéticiens*, s'il ne s'agissait d'adversaires d'Aristote.

[2] Détail totalement nouveau et qui par sa singularité même méritait d'être connu.

[3] On peut voir le beau portrait de Gassendi par Nanteuil, en tête du premier volume des *OEuvres complètes* (1658). Le portrait reproduit dans le livre du P. Bougerel (*Mathey Sculpsit*) n'est pas cité dans le tome IV de la *Bibliothèque historique de la France* (p. 200 de la *Liste des portraits des François illustres*, où l'on énumère, avec le portrait de Nanteuil, six autres portraits, dont un de Claude Mellan. — Guy Patin nous apprend (lettre du 8 janvier 1649) que Gassendi était de courte taille : «vous eussiez vu un grand homme en petite taille.» Il dit encore (lettre du 2 mars 1655) : « Ce petit corps est bien délicat. »

[4] C'est le cas ou jamais de citer le mot d'Horace : *Manet sub Jove frigido venator*.

souris, que lorsque les éclipses arrivoient, il falloit qu'il courut après[1], etc.

Durant la comète dernière[2], je l'ay veu tous les soirs et les matins au plus grand froid de l'hyver y passer des deux ou trois heures à l'observer, pendant mesme qu'il estoit à demy malade.

Il estoit si exact et si patient dans ce travail qu'on n'y sçauroit rien adjouster.

Particularités diverses[3].

Jamais il ne célébroit la messe qu'il ne se réconciliait devant au premier prestre confesseur qui se rencontroit.

Jamais il n'a voulu retirer aucun argent pour toutes les messes qu'il disoit.

Dans son église cathédrale de Digne, lorsqu'il y avoit des distributions fortuites, il n'en prenoit jamais; il donnoit sa part à quelques pauvres ecclésiastiques ou bien la distribuoit en aumosnes aux pauvres.

Jamais il n'entreprit d'actions qu'il ne se fit donner la bénédiction.

Sa piété fut sans feintise; sa vie humble, innocente, débonnaire; ses mœurs douces, complaisantes, aggréables.

De sa bouche jamais ne sont sorties que des paroles chrestiennes; jamais on l'a oüy proférer le moindre jurement, et il ne pouvoit soufrir qu'on en fit aucun en sa compagnie sans en en montrer son déplaisir tout doucement.

Aussi il n'a jamais offensé personne ny querelé.

Il a tousjours eu pour les choses saintes une vénération très-grande.

Il a aymé son prochain comme soy-mesme, ayant consacré sa vie pour son instruction.

Il portoit un amour très grand à ses parens.

Aussi il aimoit cordialement ses amis pour lesquels il (s') employoit entièrement, lorsqu'il sçavoit leur pouvoir rendre quelques services; aussi jusqu'à la mort, il a parlé d'eux.

Il a tousjours eu un respect si grand pour les commandemens de Dieu et de l'Eglise, qu'il a tousjours fait exactement les jeunes, veilles, les caresmes, et que mesmes lorsqu'il estoit indisposé et malade, il ne pouvoit se résoudre à les enfraindre, quoyque ce fut par ordonnances des médecins et permissions des confesseurs[4].

---

[1] Cette naïve comparaison nous donne une idée de l'aimable enjouement de la conversation de Gassendi, et il faut savoir gré à La Poterie de nous avoir conservé une aussi vive et aussi pittoresque saillie.

[2] Il s'agit de la comète de 1652 dont le passage au périhélie est du 12 novembre (F. Arago, *Catalogue des comètes calculées*, p. 302 du t. II de l'*Astronomie populaire*). On regrette que l'ancien directeur de l'Observatoire n'ait pas consacré une notice spéciale à Gassendi dans les *Biographies des principaux astronomes* (*Notices biographiques*, t. III, pp. 157-515).

[3] J'ai cru devoir donner ce titre aux notes qui se rapportent plus à la *façon d'observer* de Gassendi, quoique rien ne distingue les unes des autres. Ces dernières notes renferment des indications qui ne se retrouvent pas dans Bougerel et dans ses devanciers.

[4] Guy Patin confirme ainsi le témoignage de La Poterie (Lettre du 23 février 1655) : «M. Gassendi a voulu faire le carême, et s'en est fort mal trouvé. Je l'en avois averti, mais il a voulu attendre que le mal le surprit.»

II

LETTRE DES CONSULS DE LA VILLE DE DIGNE A GASSENDI POUR LUI DEMANDER SA PROTECTION AUPRÈS DU COMTE D'ALAIS, GOUVERNEUR DE PROVENCE.

Monsieur,

Les graces que ceste ville ressoit à tous moments de vostre bonté nous obligent à luy rendre compte de l'action qui c'est passée en la creation de nostre novel estat ayant le Conseil faict chois à cest effaict de la personne du sieur Guiton pour vous en dire l'histoire, parce que nous ne doutons point que quelques personnes qui ont vouleu à main armée choquer nostre election n'ayent envoyé divers messages à Son Altesse pour prevenir l'esprit de ce grand prince par l'invention de quelque imposture et nous noirsir des crimes qu'ils ont vouleu commetre : mais comme nous cognoissons les adventages que vostre vertu vous a acquis auprès de ceste illustre personne, nous ne doutons point que ceste ville qui est toute vostre et par son inclination et par la recognoissance de tant de faveurs que vous luy avés desparties, *ne ressoive encores ce nouveau tesmoinage de vostre* affection de disposer Son Altesse de recevoir une deputation des nouveaux administrateurs de ceste communauté que nous tacherons de faire la plus celebre que nous sera possible pour luy faire cognoitre que si ceux qui ont precedé ont eu quelque estincelle d'affection pour son service, nous avons des brasiers et des fournaises de respect et de submission[1] pour recevoir tous ces (*sic*) commandements avec une obéissance aveugle (*sic*) et nous ne doutons pas qu'il ne donne une oreille à nos justes deffences, si vous nous accordés l'honneur de vostre protection laquelle nous vous demandons avec la mesme passion que nous sommes,

Monsieur,

Vos très-humbles et très-obéissants serviteurs,

Les consuls de la ville de Digne,

DU CASTELAR, *consul.*
BOUGEREL, *consul*[2].
LOMBARD, *consul.*

A Digne, ce 26 mars 1650.

---

[1] On trouvera sans doute ces métaphores bien méridionales.

[2] Ce consul était-il un parent du futur biographe de Gassendi? On sait que le P. Joseph Bougerel (M. Aubé, dans la *Nouvelle Biographie générale*, l'appelle toujours *Bugerel*) appartenait à une honorable famille de la ville d'Aix.

III.

RÉPONSE DE GASSENDI A LA LETTRE DES CONSULS DE LA VILLE DE DIGNE.

Messieurs,

Je rapporte à grande faveur la lettre qu'il vous a pleu me faire l'honneur de m'escrire, et suis seulement très fasché de n'y pouvoir pas respondre avec tout le succès que je souhaiterois bien. Dieu sçait si j'ay de l'inclination à vous servir, tant pour le particulier d'un chacun de vous, comme vous honnorant et estimant de mes bons amis, que pour le general de la ville, que j'ay tousjours considéré et chéris très passionement. Mais il faut que j'advoue que je me sens bien foible pour reussir en la rencontre qui vous a donné occasion de m'escrire. Tant que Son Altesse a esté persuadée que la ville avoit de bonnes intentions pour le service du Roy et de la deference pour ses ordres, il ne m'a pas esté malaisé d'obtenir de sa bonté que ceste pauvre ville fust exempte de tant de maux et de souffrances qui ont affligé ses voisines; mais maintenant qu'Elle est dans l'impression que la ville, au lieu de tesmoigner de la gratitude pour l'obligation qu'elle luy a de tant de bons et favorables traittements, a tesmoigné de la mauvaise volonté à choquer ses bonnes intentions en se bandant ouvertement contre ses ordres, qui alloient purement à l'entrenement des reglements et anciens usages, je ne recognois point qu'il me soit possible d'empescher qu'elle ne tienne désormais nostre ville pour indifférente et au lieu de la choyer comme auparavant, elle ne l'abandonne au mesme traittement que reçoivent tant d'autres dans les malheurs et les rudesses du temps.

J'ay desja non seulement sondé, mais mesme fait tout l'effort que j'ay peu pour la fin que vous m'escrivez; mais à mon grand regret je n'ay point trouvé de disposition dans son esprit à aggréer ce qui a esté fait, comme l'estimant entierement contre le bon ordre et la police bien reglée, qu'Elle a à cœur de faire observer. J'ay eu beau lui exaggerer vostre bonne volonté, et la submission que vous tesmoignez de luy vouloir rendre : Elle a pris cela pour un jeu et comme une espèce de mommerie, et après plusieurs instances m'a dit qu'elle n'avoit que faire de toutes ces deputations qui ont de si mauvais fondemens et dont les personnes n'ont point de charactères légitimes. Elle a néantmoins adjousté que si vous estiez si deferens et vos volontez estoient si bonnes, comme je luy représentoit, vous n'auriez qu'à obéir à ce qu'elle a desjà ordonné, et qu'après que vous l'auriez fait, il y auroit de l'apparence adjouster foy à vos protestations, songer à vostre contentement, et continuer de soulager la ville.

C'est là tout ce que j'en ay peu tirer, avec ce que là où Son Altesse estoit sur le point d'envoyer vers ces quartiers là quelques troupes, dont elle ne manque plus d'estre sollicitée de soulager ceux-ci, ou d'y en faire mesme venir d'ailleurs; j'ay obtenu qu'à tout le moins elle ne le fera point jusques à ce qu'il y ait en tout de plus amples nouvelles.

J'ay tout le desplaisir du monde d'estre si malheureux que de ne pouvoir point procurer en ceste occasion la satisfaction que vous m'avez fait l'hon-

neur de desirer par mon entremise, mais j'espère que Dieu me fera la grace
d'estre plus heureux en quelque autre afin que vous ayez sujet de croire que
tout mon deffaut consiste en mon impuissance puisque de affection et de
bonne volonté je suis véritablement

Vostre tres humble et tres obeissant serviteur [1].

GASSEND [2].

De Tolon ce 29 mars 1650 [3].

IV

LETTRE DE NICOLAS TAXIL, PRÉVOT DE L'ÉGLISE DE DIGNE, A H. L. HABERT
DE MONTMOR [4], EN LUI ENVOYANT L'ORAISON FUNÈBRE DE GAS-
SENDI.

De Digne ce 2 janvier 1656.

Monsieur,

La gloire que j'ay reçeue par le chois que feu Monsieur Gassendi a fait de
moy en la succession de sa prevosté me découvre tous les jours mon impuissance à reconnoistre un bienfait que je dois appeller incomparable, puisque
la cause n'a esté que la seule bienveillance de mon amy; sa libéralité me ren-
droit ingrat, si sa mémoire ne me restoit en veneration; je l'ay aymé, Monsieur,
avec toutes les tendresses humaines. J'ai honoré son mérite avec tout autant de
respect que j'ay peu; j'ay pleuré sur son trépas avec des larmes de sang; tous
ceux qui m'ont escrit de lettres de consolation ont parlé de ma disgrace; en

[1] Il me semble que cette lettre, dont le style est si aisé et si coulant, doit
faire désirer que l'on recherche et que l'on publie toutes les lettres françaises
de Gassendi qui sont conservées, soit dans les dépôts publics de Paris et de
la Provence, soit dans les collections particulières. Il s'est perdu, je le sais,
et je le déplore, un grand nombre des lettres écrites par Gassendi à Peiresc, à
Boulliau, à Chapelain, etc.; mais on pourrait, si l'on cherchait bien, trouver
assez de débris d'une aussi précieuse correspondance pour en remplir un
volume qui serait des plus goûtés.

[2] Bougerel l'a très-bien remarqué (note de la p. 2) : « Gassend était son
véritable nom. Bouche a mis en tète de son *Histoire de Provence*, une de ses
lettres, où il signe *Gassend* : il n'en prend point d'autre dans ses lettres françaises manuscrites, qui sont dans la bibliothèque de M. le Président Tho-
massin de Mazaugues. Il traduit son nom par *Gassendus*; il l'eût traduit *Gas-
sendius*, s'il se fût appelé Gassendi. » Les auteurs du *Gallia christiana* ont,
eux aussi, constaté que *Gassend* est la bonne forme du nom du philosophe
(tome III, col. 1139): *Gassendus Gallice* GASSEND *ex ipsiusmel epistola ad
Bosquetum.* L'observation a été reproduite par M. Degérando et par
M. Aubé.

[3] J'ai publié dans la livraison de septembre 1874 de la *Revue de Marseille et
de Provence* (p. 473) un billet inédit de Gassendi à Pierre Du Puy (tiré de la
collection Du Puy, vol. 803, p. 258) et daté d'Aix « la veille des Roys 1649. »

[4] A Monsieur Monsieur de Montmor, conseiller d'Estat du Roy en ses conseil d'Estat et son maistres des requestes à Paris.

me felicitant mon benefice (*sic*), on me plignoit (*sic*) un düeil [1] et ceux qui ont ouy une oraison funèbre que j'ay faitte en sa faveur m'ont conseillé de vous l'envoyer ce que je fais vous suppliant de la voir et de la faire examiner a M. Chapelein (*sic*), amy de cet illustre. Si vous et ce grand homme ne la condamnés pas entièrement, je vous seray infiniment obligé, si après avoir donné la peine à mon dit sieur Chapelein de la corriger, d'adioutter et de retrancher tout ce qu'il luy plairra, vous la ranvoyés à M. Larbier pour l'imprimer. M. de La Poterie vous délivrera de tous ses (*sic*) soins que l'amitié et la vénération de ce cher trépassé vous pourroit faire prendre en cette occasion. N'aurés vous pas sujet de blamer ma temerité, voyant ces caractères? Je parle de la gloire d'un amy avec franchise, sans considérer que j'en parle à un Seigneur dont je n'ay pas l'honneur de sa connoissance, ce qui rend mon incivilité inexcusable : mais comme je sçay que je suis aussi votre que mon bienfacteur, et que pour l'amour de luy vous exercerés votre bonté à mon advantage, j'espère beaucoup de votre mérite, de votre douceur et de votre amitié qui en me pardonnant ces excès me faira la grace me permettre la qualité,

Monsieur, de vostre très humble et tres obeissant serviteur.

TAXIL, prevost [2].

[1] Je suppose que si le bon prévôt n'avait pas été autant troublé par sa douleur, il aurait ainsi modifié cette phrase : *en me félicitant de mon bénéfice, on me plaignoit de mon deuil.*

[2] Nicolas Taxil, mort le 24 septembre 1682 (*Gallia christiana*, t. III, col. 1140), prononça dans l'église cathédrale de Digne l'oraison funèbre dont il est ici question. Ni Bougerel, ni les autres biographes ne marquent le jour où le pieux hommage fut rendu à la mémoire de l'ancien prévôt. Bougerel (p. 422) dit seulement (peut-être avec un peu d'exagération) : « Toute la ville y assista, on n'entendit que cris et que gémissements, de sorte que les plus vieux avouoient qu'ils n'avoient jamais vu une consternation si générale. » Le discours de Taxil, que ne possède point la Bibliothèque nationale, est intitulé : *Oraison funèbre du philosophe chrétien Pierre Gassendi, prevost de l'église de Digne et professeur de mathématique au collége royal* (Lyon, 1656). Je voudrais que l'on réimprimât cette pièce, qui est fort rare, en tête du recueil des lettres françaises de Gassendi dont je réclame la prompte publication.